COMMENT
TROUVER
MON IDÉE
D'ENTREPRISE

4e édition mise à jour

Les Éditions Transcontinental inc.
1100, boul. René-Lévesque Ouest
24e étage
Montréal (Québec) H3B 4X9
Tél. : (514) 340-3587
 1 866 800-2500

Les Éditions de la Fondation de l'entrepreneurship
55, rue Marie-de-l'Incarnation
Bureau 201
Québec (Québec) G1N 3E9
Tél. : (418) 646-1994, poste 222
 1 800 661-2160, poste 222

La collection Entreprendre est une initiative conjointe de la Fondation de l'entrepreneurship et des Éditions Transcontinental visant à répondre aux besoins des futurs et des nouveaux entrepreneurs.

Pour connaître nos autres titres, consultez le **www.livres.transcontinental.ca.** Pour bénéficier de nos tarifs spéciaux s'appliquant aux bibliothèques d'entreprise ou aux achats en gros, informez-vous au **1 866 800-2500.**

Données de catalogage avant publication (Canada)
Laferté, Sylvie
Comment trouver mon idée d'entreprise
4e éd. mise à jour.
(Collection Entreprendre)
Publ. en collab. avec Éditions de la Fondation de l'entrepreneurship.
Publ. antérieurement sous le titre: Comment trouver son idée d'entreprise.
Comprend des réf. bibliogr.

ISBN 978-2-89472-335-7 (Transcontinental)
ISBN 978-2-89521-099-3 (Fondation)

1. Nouvelles entreprises. 2. Entrepreneuriat. 3. Créativité dans les affaires. 4. Projets de développement industriel. 5. Nouvelles entreprises - Québec (Province). I. Belley, André. II. Dussault, Louis. III. Titre. IV. Titre: Comment trouver son idée d'entreprise. V. Collection : Entreprendre (Montréal, Québec).

HD62.5.L33 2006   658.8'1   C2006-941498-X

Révision et correction: Louise Dufour, Francine Saint-Jean
Conception graphique de la couverture et mise en pages: Studio Andrée Robillard
Impression: Transcontinental Métrolitho

Imprimé au Canada
© Les Éditions Transcontinental inc. et Les Éditions de la Fondation de l'entrepreneurship, 2006
Dépôt légal — 3e trimestre 2006
3e impression, mars 2012
Bibliothèque nationale du Québec
Bibliothèque nationale du Canada

Nous reconnaissons l'aide financière du gouvernement du Canada par l'entremise du Fonds du livre du Canada pour nos activités d'édition. Nous remercions également la SODEC de son appui financier (programmes Aide à l'édition et Aide à la promotion).

Les Éditions Transcontinental sont membres de l'Association nationale des éditeurs de livres (ANEL)

Sylvie Laferté

COMMENT
TROUVER
MON IDÉE
D'ENTREPRISE

4e édition mise à jour

Les Éditions
Transcontinental

fondation de
l'entrepreneurship
ÉDITIONS

À Olivier et à Vincent.

Remerciements

Vous, les lecteurs, pour vos commentaires, vos suggestions et vos encouragements.

René Leblanc et ma famille, dont le soutien indéfectible me donne le courage nécessaire.

Brigitte Van Coillie-Tremblay, Monique Dubuc et Denis Robichaud de la Fondation de l'entrepreneurship, ainsi que Sylvain Bédard et Jean Paré des Éditions Transcontinental pour leurs conseils et leur encouragement.

André Lamoureux, Line Drouin, Marilie Laferté, Marielle Dionne, Hélène Gravel, Louis Jacques Filion, Gaston Provencher, Gilles Saint-Pierre et Mario Chartier, des amis, des lecteurs et des critiques hors pair.

Merci à tous ceux et à toutes celles qui, étant venus me parler de leur projet d'entreprise, m'ont donné la chance de connaître les personnes extraordinaires que sont les entrepreneurs et les travailleurs autonomes.

fondation de
l'entrepreneurship

La **Fondation de l'entrepreneurship** s'est donné pour mission de promouvoir la culture entrepreneuriale, sous toutes ses formes d'expression, comme moyen privilégié pour assurer le plein développement économique et social de toutes les régions du Québec.

En plus de promouvoir la culture entrepreneuriale, elle assure un support à la création d'un environnement propice à son développement. Elle joue également un rôle de réseauteur auprès des principaux groupes d'intervenants et poursuit, en collaboration avec un grand nombre d'institutions et de chercheurs, un rôle de vigie sur les nouvelles tendances et les pratiques exemplaires en matière de sensibilisation, d'éducation et d'animation à l'entrepreneurship.

La Fondation de l'entrepreneurship s'acquitte de sa mission grâce à l'expertise et au soutien financier de plusieurs organisations. Elle rend un hommage particulier à ses **partenaires** :

ses **associés gouvernementaux** :

et remercie ses **gouverneurs** :

Table des matières

Liste des exercices

Liste des tableaux et des figures

Introduction

Comment trouver mon idée d'entreprise, 4ᵉ édition, comme les éditions précédentes, a pour objectif de vous soutenir dans votre recherche d'une occasion d'affaires. Que vous désiriez devenir travailleur autonome ou entrepreneur et que vous cherchiez une bonne idée d'affaires ou que vous l'ayez trouvée et vouliez vérifier si elle est viable, cet ouvrage saura vous aider.

Nous vous présentons ce guide en deux parties. La première partie, des chapitres 1 à 6, décrit les différentes façons de trouver votre idée d'entreprise. La deuxième partie, des chapitres 7 à 9, explique succinctement la démarche qu'on doit effectuer pour passer de l'idée d'entreprise au projet d'affaires.

Ainsi, dans le chapitre 1, vous aurez l'occasion de vous familiariser avec cinq principes pour réussir en affaires. Dans le chapitre 2, nous discuterons de la notion de besoins, sans lesquels une entreprise ne saurait vendre. Pour compléter cette présentation, nous verrons, au chapitre 3, les changements et les tendances actuelles dans la consommation. Le chapitre 4 donnera un aperçu des différentes sources d'idées auxquelles un entrepreneur peut puiser avant de se lancer en affaires. Le chapitre 5 présentera des exemples d'idées d'entreprise. Le chapitre 6, qui intéressera particulièrement ceux qui ont déjà trouvé une idée d'entreprise, permettra de vérifier si cette idée convient au profil de l'entrepreneur.

Les trois derniers chapitres ont pour objectif d'initier les lecteurs aux démarches qu'on doit entreprendre pour passer de l'idée d'affaires à la mise sur pied de l'entreprise. Nous débuterons par l'étude de marché (chapitre 7), l'évaluation des ressources nécessaires à la réalisation et au financement du projet (chapitre 8) et nous terminerons par le plan d'affaires (chapitre 9).

Première partie

 ## *Trouver son idée d'entreprise*

Dans cette première partie de *Comment trouver mon idée d'entreprise,* 4e édition, vous trouverez nombre de sources d'information et de méthodes qui vous aideront dans la découverte d'une idée d'entreprise. Ces données sont le résultat de notre expérience avec nos clients et nos étudiants de même que de nos recherches et de nos réflexions personnelles.

1 > 5 principes pour réussir en affaires

Être son propre patron ! Quel beau rêve ! Rêve ? Pas du tout ! Avec un peu d'imagination et beaucoup de travail, cela peut devenir la réalité pour un nombre de plus en plus grand de gens.

Chômage, récession, mises à pied, restructuration d'entreprises, autant de «bonnes» nouvelles pour celui ou celle qui attend l'élément déclencheur pour faire le «grand saut». Lorsqu'on se trouve sans emploi du jour au lendemain, il faut savoir se relever. Créer son propre emploi représente la solution la plus réaliste.

Travail autonome, entreprise à la maison, petit commerce, travail à la pige, services spécialisés, etc., les formes et les options sont innombrables. Mais quelle est la bonne ?

Il n'y a pas de recette secrète ni infaillible : seulement cinq principes de base qui, s'ils sont respectés, permettent à l'entrepreneur de mettre la chance de son côté. Ces cinq principes consistent à : définir adéquatement le produit ou le service et le marché (découvrir un bon créneau) ;

posséder les compétences nécessaires ; vérifier la rentabilité et le réalisme du projet ; accepter le changement ; et, enfin, bénéficier de la présence d'un réseau de contacts.

1.1 PRINCIPE N° 1 : DÉFINIR LE PRODUIT OU LE SERVICE ET LE MARCHÉ (DÉCOUVRIR UN BON CRÉNEAU)

L'échec de nombreuses entreprises s'explique souvent par le fait que les entrepreneurs n'ont pas su donner une définition précise du produit ou du service qu'ils voulaient offrir et qu'ils n'ont pas non plus déterminé le marché auquel ils destinaient leur produit ou leur service. Dans de nombreux cas, le produit ou le service ne correspond pas au marché visé, ou encore le marché n'a pas besoin de ce produit ou de ce service. En langage marketing, réussir un bon mariage produit / service / marché se nomme découvrir un créneau.

Il est très difficile de vendre quelque chose dont on ne peut pas donner une définition précise. Il y a, par exemple, une grande différence entre vendre un crayon tout simplement, et vendre un crayon particulier qui permet une écriture fine ou grasse, la rectification des erreurs en un tournemain, et... l'expression sur papier de nos pensées les plus lumineuses !

Voyons quelques exemples de définitions imprécises et de définitions précises (voir le tableau 1 à la page suivante).

TABLEAU 1

DÉFINITIONS IMPRÉCISES ET PRÉCISES D'UN PRODUIT OU D'UN SERVICE

DÉFINITIONS IMPRÉCISES	DÉFINITIONS PRÉCISES
Service de traduction	Service de traduction de l'anglais au français, du français à l'anglais, de l'espagnol à l'anglais et au français
Boutique de vêtements pour dames	Boutique haut de gamme de vêtements pour dames de 18 à 50 ans, tailles courantes, petites et grandes
Restaurant italien	Restaurant de cuisine italienne traditionnelle
Fabricant de portes et de fenêtres	Fabricant de portes et de fenêtres, résidentiel et commercial, cadre en acier et en P.V.C.
Journaliste à la pige	Journaliste à la pige spécialisé dans le domaine économique
Nettoyage de tapis	Nettoyage de tapis à la vapeur
Entreprise de camionnage	Service de transport par camion, en vrac
Réalisation de pages WEB	Conception et programmation de pages WEB en langage JAVA

Si vous voulez vous faciliter la tâche pour vendre votre produit ou votre service, accordez beaucoup de temps à sa définition. Ensuite, vérifiez s'il y a la présence d'un marché. Il est certainement plus facile de vendre un réfrigérateur à énergie solaire dans un désert de l'équateur qu'au pôle Nord.

Il faut ici faire la distinction entre absence ou existence *réelle* d'un marché et *perception* de l'existence ou de l'absence d'un marché. *Deux vendeurs de chaussures partent en voyage dans un pays chaud. Le premier est déprimé : il ne pourra vendre, car personne ne porte de chaussures. Le deuxième est fou de joie : les ventes seront phénoménales, car personne ne porte de chaussures.*

La véritable absence de marché, c'est l'inexistence d'acheteurs. On parle alors de : mauvais endroit, mauvais moment, mauvais prix de vente ou nombre insuffisant d'acheteurs.

Par « mauvais endroit », on entend la localisation de l'entreprise. Par exemple, un magasin situé trop loin des acheteurs ou sans stationnement.

Quand on parle de « mauvais moment », cela signifie qu'une entreprise offre son produit ou son service trop tôt ou trop tard par rapport aux goûts ou aux besoins de ceux à qui elle veut vendre. Par exemple, ouvrir une boutique de crème glacée en janvier, une bijouterie en pleine récession ou un service de déclarations de revenus au mois de juin.

Le « mauvais prix de vente » fait référence au fait que l'entreprise demande trop ou pas assez pour son produit ou son service. Dans les deux cas, les clients potentiels n'achèteront pas. Si on demande trop, les clients achèteront ailleurs et si on ne demande pas assez, ils se poseront des questions sur la qualité du produit ou du service.

Enfin, lorsqu'il est question de « nombre insuffisant d'acheteurs », il s'agit d'un produit ou d'un service dont la demande ne justifie pas la production, d'un besoin venant d'une tranche trop petite de la population. Par exemple, établir une librairie entièrement anglophone à Trois-Rivières ou à Chicoutimi, ou une boutique de ski à Miami.

Afin de vous aider à vérifier si votre produit ou service est bien défini et s'il répond adéquatement à un besoin dans le marché, après avoir lu les prochains chapitres et avoir trouvé votre idée d'entreprise, nous vous invitons à lire le chapitre 7 qui explique comment procéder à votre étude de marché.

1.2 PRINCIPE N° 2 : POSSÉDER LES COMPÉTENCES NÉCESSAIRES

Un des éléments essentiels à la réussite de votre entreprise est que vous possédiez les compétences nécessaires pour la démarrer et la faire fonctionner. Ces compétences sont de trois ordres : techniques, de gestion et de vente.

Les compétences techniques consistent en votre connaissance du secteur d'activité de l'entreprise. Elles s'étendent également à la connaissance des façons de fabriquer et de vendre les produits (ou de rendre les services) que vous vous proposez de mettre sur le marché. Ces compétences vous empêcheront de faire des erreurs en raison de votre méconnaissance des règles du jeu dans votre secteur. Par exemple, ouvrir un dépanneur ou un restaurant peut paraître à la portée de tous. Détrompez-vous ! Cela prend des compétences particulières. Parlez-en au propriétaire du dépanneur de votre quartier ou des restaurants que vous fréquentez.

La gestion est un élément essentiel dans la réussite des entreprises. D'ailleurs, la majorité des faillites peuvent être expliquées par une déficience en matière de gestion de la part du ou des propriétaires. Rassurez-vous, la gestion est une question de gros bon sens, bien que ses techniques soient quelquefois difficiles à maîtriser.

Assurer la gestion d'une entreprise consiste à planifier, à organiser, à diriger et à faire le suivi des activités de l'entreprise. Bref, il s'agit de penser à ce qu'on veut faire avant de l'entreprendre ; de s'assurer qu'on a tout ce qu'il faut pour le réaliser ; de l'exécuter ; et, enfin, de vérifier si tout se déroule comme prévu afin d'apporter les correctifs nécessaires et de recommencer le processus de gestion.

Les techniques de gestion (comptabilité et gestion financière, gestion des achats et des stocks, gestion du personnel, gestion des ventes, etc.) peuvent s'apprendre. Il faut cependant que vous y portiez intérêt et que vous y mettiez tous les efforts nécessaires.

Les compétences reliées à la vente sont également essentielles au succès de l'entreprise. Sans vente... pas d'argent qui entre. C'est aussi simple que cela. Ce n'est pas facile, nous en convenons, mais nous croyons fermement qu'on peut devenir bon vendeur si l'on croit en son produit ou en son service. La vente, comme la gestion, relève du gros bon sens. Il s'agit de prendre contact avec des clients potentiels, de bien écouter leurs besoins avant de leur présenter l'offre de notre produit ou de notre service, et de nous assurer que celui-ci peut réellement répondre à leurs besoins. De cette façon, on peut plus facilement conclure la vente.

Il est possible de vous débrouiller sans l'une de ces compétences, mais pas sans les trois. Si l'une ou l'autre vous fait défaut, agissez : recherchez une formation d'appoint ou entourez-vous de personnes qui possèdent la compétence qui vous manque. De ce fait, vous augmenterez vos chances de succès.

1.3 PRINCIPE N° 3 : VÉRIFIER LA RENTABILITÉ ET LE RÉALISME

Bien que l'idée du produit ou du service puisse être géniale, le coût de sa réalisation ou les risques qu'elle représente peuvent être trop élevés pour ce que les gens sont prêts à payer (ou à risquer).

Il est posssible que le projet comporte une trop grande part d'irréalisme ou que la demande ne soit pas encore assez forte pour justifier l'investissement. Prenons comme exemples la vente de terrains sous la mer ou la congélation de son corps au moment de mourir dans l'espoir de ressusciter et de guérir plus tard grâce à l'évolution de la science.

Dans ces exemples, l'idée est bonne, mais le coût et les risques sont tels que la rentabilité est loin d'être assurée (aujourd'hui, du moins).

Ce principe concerne également le profil du promoteur du projet. Certains entrepreneurs potentiels, plutôt rêveurs, planifient des projets qu'ils ne seront jamais capables de réaliser. Leurs compétences, leurs moyens financiers ou les barrières qui se dressent à l'entrée du secteur d'activités qu'ils visent ne leur permettront jamais de mettre à terme leurs idées. C'est dommage car, souvent, ces personnes investissent beaucoup d'énergie dans des projets utopiques. Elles finissent par se décourager et laissent tomber leur carrière d'entrepreneur. Évitez ce piège à tout prix !

Finalement, il faut considérer qu'il est peu réaliste de se lancer en affaires si le conjoint ne nous soutient pas. Passer outre à cette résistance risque de causer de nombreux problèmes personnels. Nous reviendrons plus loin sur ce sujet.

1.4 PRINCIPE N° 4 : ACCEPTER LE CHANGEMENT

Il est toujours possible de raffiner, de modifier, de faire évoluer une idée.

Au cours des années, voire des mois et des semaines, votre produit ou votre service va (et doit) évoluer. Il doit suivre la demande des acheteurs, du marché, et votre entreprise doit évoluer au même rythme.

Par exemple, Armand Bombardier n'avait sûrement pas prévu l'engouement récréatif pour la motoneige, lorsqu'il a mis sur le marché son véhicule utilitaire à chenillettes. Il a cependant su adapter son produit à la demande. Cette entreprise a également trouvé de nouvelles avenues à son produit (de la motoneige au wagon de métro, il y a beaucoup de chemin parcouru).

Accepter le changement, c'est plus que de se dire : «Oh ! voici un changement et je l'accepte !» Accepter le changement, c'est le voir venir, le provoquer, le promouvoir. Cela signifie qu'on reconnaît les innovations de ce changement et le potentiel d'affaires qu'il comporte.

Accepter le changement implique également qu'on ne le considère pas comme menaçant. Ainsi, on accueille les nouveautés technologiques, les nouvelles façons de créer les marchés, les nouveaux concurrents (eh oui !), les nouveaux besoins des consommateurs, les nouveaux types de consommateurs, les nouvelles façons de faire, etc.

Ne faites pas la même erreur que les fabricants de montres suisses qui n'ont pas prévu l'avenir de la montre à quartz. Ils ont eux-mêmes inventé cette merveille de la technologie moderne, mais n'en ont pas vu le potentiel. La concurrence japonaise et américaine leur ont malheureusement fait un joli pied de nez.

Une entreprise, tout comme un produit, qui n'évolue pas, va mourir un jour. Pensez aux dinosaures ! Ces charmants reptiles n'ont pas su s'adapter au changement de leur environnement et ils ont disparu.

À propos de changement, il y a cinq ans, au moment de la parution de la deuxième édition de ce livre, nous n'avions pas penser à intégrer Internet dans la recherche d'une idée d'entreprise ! Vous verrez, nous ne l'avons pas mis de côté, cette fois-ci.

1.5 PRINCIPE N° 5 : BÉNÉFICIER DE LA PRÉSENCE D'UN RÉSEAU DE CONTACTS

Le dernier principe de réussite en affaires, et non le moindre, est la présence d'un réseau de contacts qui vous aidera dans votre recherche de clients potentiels et qui pourra vous tenir informé de faits intéressants dans votre domaine d'activité. Avant de vous lancer dans la grande aventure de l'entrepreneurship, interrogez-vous sur le réseau de contacts que vous avez déjà. Faites la liste des personnes qui en font partie et déterminez l'aide qu'elles peuvent vous apporter. Croyez-en notre expérience, en l'absence d'un bon réseau, il est très difficile d'intégrer le monde des affaires. Ce sujet sera d'ailleurs repris plus loin dans ce livre.

EN RÉSUMÉ

Cet ouvrage a été conçu sur la base de cinq principes pour réussir en affaires : définir le produit ou le service et le marché (découvrir un bon créneau), posséder les compétences nécessaires, vérifier la rentabilité et le réalisme du projet, accepter le changement et bénéficier de la présence d'un réseau. Dans chacun des chapitres suivants, vous trouverez ces préoccupations.

Mais avant tout, voyons la notion de besoin.

2 〉 Les besoins : notion et évolution

La satisfaction des besoins des consommateurs est le but ultime de toute entreprise. En effet, sans consommateurs, sans clients qui reviennent, pas de ventes ; pas de ventes, pas de revenus ; pas de revenus, pas d'entreprise.

Mais comment reconnaît-on ces besoins ? Sont-ils toujours les mêmes ? Évoluent-ils ?

2.1 LA NOTION DE BESOINS

Nous, les êtres humains, sommes à la fois très complexes et très simples. Nous agissons différemment les uns des autres, mais nous avons les mêmes motivations : nos besoins. C'est, toutefois, dans la façon de satisfaire ces besoins que nous nous différencions.

Pour satisfaire nos besoins, nous commettons une action et, dans la majorité des cas, cette action se traduit par la consommation, c'est-à-dire par l'achat d'un bien ou d'un service.

Ainsi, dans la vie quotidienne, nous avons tous besoin de manger et de dormir. On peut, par exemple, satisfaire le besoin de manger en cuisinant quelque chose, en allant au restaurant, en optant pour la livraison à domicile ou en achetant des repas surgelés. On peut aussi dormir sur un futon, un matelas dispendieux ou, même, sur le banc d'un parc.

Nous avons donc de nombreux choix pour satisfaire un besoin donné. Est-ce à dire qu'autre chose que nos seuls besoins influe sur notre façon de consommer ? Sûrement !

Parmi les facteurs qui ont un effet sur nos comportements d'achats, mentionnons les émotions, les revenus, l'âge, le sexe, le contexte physique et les particularités de l'individu (race, culture, statut civil, etc.). Il s'agit des principales variables qui jouent sur la façon de satisfaire nos besoins (voir le tableau 2).

Par exemple, un sportif peut être motivé par la performance et par le dépassement de soi, tandis qu'un autre cherchera à améliorer son apparence physique ou à se maintenir en santé. La motivation est différente, mais le résultat est semblable (la pratique d'une activité sportive). Le comportement d'achat différera selon le sport pratiqué (jogging, tennis, marche, vélo, etc.), l'intensité qu'on veut y accorder (se maintenir en forme ou participer à des compétitions), et même la mode (style, marque).

TABLEAU 2

LES VARIABLES QUI INFLUENT SUR LES BESOINS

Sexe	Âge	Individu	Contexte	Émotion	Richesse
Féminin	Bébé	Race	Temps	Peur	Pas du tout
Masculin	Enfant	Culture	Espace	Amour	Un peu
	Adolescent	Apparence		Envie	Moyennement
	Jeune adulte	Marié ou non		Haine	Beaucoup
	Adulte	Parent		Joie	Énormément
	Préretraité	Grand-parent		Peine	
	Retraité	Orphelin		Détresse	

L'être humain est motivé par quelques besoins de base : manger, dormir, être en sécurité, être aimé et appartenir à un groupe, avoir de l'estime de soi et se réaliser. En d'autres mots, nous avons tous des besoins physiologiques et psychologiques. Il nous faut boire, manger et dormir pour assurer notre survie et notre santé physique. Pour nous protéger d'un environnement parfois hostile, nous préservons notre sécurité, par exemple en nous donnant un toit. Nous avons tous également le besoin d'être aimés (parents, amis) et de faire partie d'un groupe (par exemple, un club social). Finalement, dans notre travail, nos passe-temps ou nos autres activités, nous avons besoin d'accomplir des choses, de réussir, bref, d'être fiers de nous et de nous réaliser.

Le tableau 2 présente les principaux facteurs qui peuvent influer sur le comportement d'achat d'un individu, c'est-à-dire sa façon de satisfaire ses besoins. Voyons quelques exemples.

Lorsque vous achetez un vêtement, disons un manteau, votre motivation première est de vous protéger du froid. À première vue, n'importe quel manteau chaud devrait faire l'affaire. Cependant, vous vous préoccupez du prix, du modèle, de l'apparence qu'il vous donne, etc. Le manteau que vous choisirez devra répondre à de nombreux critères, en plus de sa raison première qui consiste à vous protéger du froid.

À l'époque de la Saint-Valentin, il est de coutume d'offrir ou de se faire offrir un repas au restaurant, du chocolat, des fleurs ou un bijou. Normalement, quand on va au restaurant, c'est pour satisfaire le besoin de manger et de boire. Vraiment ? À la Saint-Valentin, ne serait-ce pas plutôt un besoin d'amour qui flotterait dans l'air ?

Les entrepreneurs qui réussissent comprennent le principe des variables qui influent sur la façon dont un individu va satisfaire ses besoins. La publicité nous démontre bien, d'ailleurs, les trucs et les astuces qu'utilisent les entreprises pour faire acheter un produit plutôt qu'un autre.

Mesdames, dans la publicité qui vous est destinée, ne vous vend-on pas l'allure des mannequins plutôt que du savon, du vernis à ongles ou des vêtements ?

Messieurs, dans la publicité qui vous est destinée, ne vous vend-on pas des performances sportives, des conquêtes et des aventures plutôt que des balles de golf, des voitures ou des chemises ?

Lorsqu'on est à la recherche d'une idée d'entreprise, les besoins et les variables qui influent sur la façon de les satisfaire sont des éléments essentiels à connaître. Pour vous familiariser avec les différentes façons de satisfaire un besoin donné, faites l'exercice suivant et notez vos réponses. (Oui, ici même, dans ce guide. Il est à vous. Vous pouvez y écrire vos réponses... et vos questions.)

EXERCICE 1

LES BESOINS ET LES INFLUENCES

Sexe : féminin

Âge : adulte

Contexte physique : espace (elle demeure dans un studio)

Émotion : peur

Richesse : non (elle gagne moins de 15 000 $ par année)

Statut : célibataire sans enfant

Besoins : sécurité et combler sa solitude

Question : Que pourriez-vous lui suggérer comme produit ou service pour combler ses besoins ?

Dans cet exercice, la dame a besoin d'assurer sa sécurité et de combler sa solitude. Elle a deux contraintes : elle dispose de peu d'argent et de peu d'espace. Nous pourrions lui conseiller d'acheter un chien de garde, lui permettant ainsi de se sentir plus en sécurité et moins seule. Un bon chien de garde est cependant relativement coûteux. De plus, elle ne dispose peut-être pas de l'espace voulu pour vivre avec un tel animal.

Nous pourrions, dans ce cas, lui suggérer de déménager soit dans un logement plus grand (pour garder le chien), soit dans un immeuble possédant un système de sécurité. Ces deux solutions pourraient cependant lui coûter encore trop cher. Elle pourrait, alors, suivre des cours d'autodéfense, ce qui lui permettrait de rencontrer des gens et de se sentir plus en sécurité.

Avez-vous eu d'autres idées que celles-là ? Y en a-t-il une qui soit vraiment nouvelle, innovatrice ? Oui ? Bravo !

Mine de rien, vous venez de faire une recherche pour reconnaître une occasion d'affaires. En vous basant sur les caractéristiques d'une personne fictive, possédant des traits communs à une certaine portion de la population, et sur les besoins que cette personne pourrait avoir, vous avez trouvé des produits ou des services que vous pourriez lui vendre.

À l'aide des variables mentionnées dans le tableau 2 (page 35), on peut imaginer quelques scénarios. Pour vous exercer encore un peu dans la recherche d'idées d'entreprise, reprenez les éléments de ce tableau et tentez de trouver des besoins et des façons de les satisfaire.

Par exemple : qu'offrir à une femme, mère célibataire, ayant peu d'argent et une contrainte de temps ? Une garderie à prix modique, un service de garde à domicile, le transport de son enfant à la garderie matin et soir, etc. Qu'offrir à un adolescent amoureux ayant peu d'argent ? Qu'offrir à un homme marié, ayant une contrainte d'espace et d'argent, qui veut être en forme physique ?

Revenons maintenant à la notion première de besoin. Nous avons mentionné que l'être humain était motivé par cinq grandes catégories de besoins. Ces besoins ont été définis par Abraham Maslow dans les années 1950. Il les a regroupés sous la forme d'une pyramide (voir la figure 1 ci-dessous).

La pyramide des besoins de Maslow nous permet non seulement d'orienter notre recherche d'une idée d'entreprise, mais également de trouver les arguments nécessaires à la vente de notre produit ou de notre service.

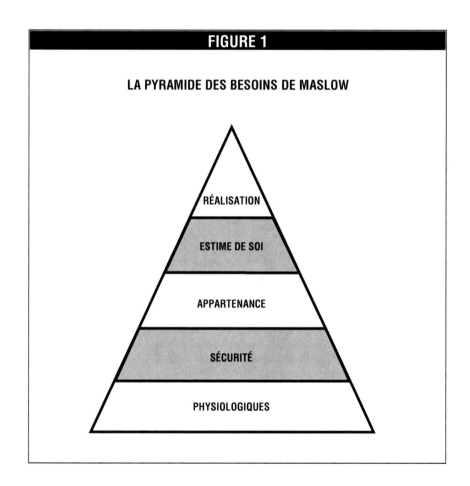

FIGURE 1

LA PYRAMIDE DES BESOINS DE MASLOW

RÉALISATION

ESTIME DE SOI

APPARTENANCE

SÉCURITÉ

PHYSIOLOGIQUES

Dans cette représentation, vous remarquerez que les besoins physiologiques se situent à la base de la pyramide et que les besoins de réalisation se situent au sommet. Cela signifie que lorsqu'un produit ou un service répond à un besoin situé au bas de la pyramide, il y a un plus grand nombre de clients. En revanche, la demande est moins grande pour les besoins du haut de la pyramide.

Ce modèle indique aussi que le produit ou le service qui répond à un besoin du bas de la pyramide, exige qu'on produise ou vende en grande quantité pour faire de l'argent. Par exemple, une entreprise doit vendre beaucoup de nouilles en boîte pour faire de l'argent ; en effet, bien qu'un grand nombre de personnes achètent un tel produit, celui-ci ne rapporte au fabricant que quelques cents par boîte.

Inversement, les produits qui comblent les besoins du haut de la pyramide ne requièrent pas qu'ils soient vendus en grande quantité pour qu'une entreprise fasse de l'argent. Par exemple, en ce qui concerne les besoins d'estime de soi, qui peuvent être comblés, entre autres choses, par la vente de voitures de luxe, il est possible de faire de l'argent en vendant peu de voitures, puisque le fabricant gagne plusieurs centaines, voire des milliers de dollars, par unité vendue.

- Que répondriez-vous à la question : Où, en tant que société nord-américaine, nous situons-nous sur cette pyramide ?
- Si vous avez répondu sécurité ou estime de soi, vous avez parfaitement raison. Naturellement, en tant qu'individus, nous ressentons tous les besoins mentionnés — des besoins physiologiques à ceux de réalisation —, mais en tant que société, à l'heure actuelle, nous recherchons beaucoup la sécurité. Pensez-y dans votre recherche d'une idée d'entreprise.

Nous venons de voir la notion de besoin. Cette notion est essentielle pour tout entrepreneur qui veut trouver une idée d'entreprise ou une nouvelle occasion d'affaires pour son entreprise. C'est à la notion de besoin qu'on se réfère lorsqu'arrive le temps de définir le produit ou le service, de désigner le marché cible et de trouver les arguments de vente.

Parmi les principes de base décrits au chapitre 1, il en est un qui s'applique particulièrement aux besoins : le changement. En effet, les besoins d'un individu, comme ceux d'une société, sont en constante évolution. En tant qu'entrepreneur, il vous faut non seulement être au courant des changements actuels, mais aussi de ceux qui se préparent.

2.2 LES BESOINS ÉVOLUENT

Les besoins évoluent avec la société. Une société industrielle comme la nôtre a des besoins différents de ceux d'une société basée sur l'agriculture. Cette dernière verra ses besoins changer lorsqu'elle décidera de transformer elle-même ses produits bruts en produits prêts à la consommation. Les besoins de la société industrialisée évolueront si celle-ci décide de confier toute sa production à des automates.

Prenons l'exemple de la vente au détail. Anciennement, dans chaque village, il y avait un magasin général qui faisait office d'épicerie, de mercerie, de boulangerie, etc. Les achats s'y faisaient en vrac et on y trouvait de tout. Toutefois, quand le village grossissait et qu'il se transformait lentement en ville, apparaissaient alors des magasins plus spécialisés : boulangerie, pâtisserie, boucherie, mercerie, etc.

Aujourd'hui, nous trouvons ces deux formes de commerce. D'une part, il y a des magasins à grande surface où l'on trouve de tout ou presque, des marchés d'alimentation où l'on peut se procurer un tournevis ou une vidéocassette, des pharmacies où l'on trouve des cadeaux, des logiciels et des aliments. D'autre part, il existe des boutiques ultraspécialisées (charcuterie, fromagerie, tout pour la salle de bains, etc.), des magasins qui se déplacent (démonstration à domicile), des entrepôts où l'on peut acheter au détail (Club Price, RONA l'entrepôt, Bureau en gros, etc.). Nous sommes bien loin du magasin général qui parvenait à satisfaire tous les besoins des habitants d'un village !

Pourquoi ces changements, que s'est-il passé ? Les besoins des individus ont changé. À l'époque du magasin général, cet endroit satisfaisait tant le besoin de se retrouver pour échanger, pour discuter et même pour commérer, que celui de se procurer des aliments, des vêtements et des produits de premières nécessités comme du charbon pour le chauffage (à quand remonte votre dernier achat de charbon) ?

Maintenant, nous n'allons plus au magasin général pour rencontrer des gens. Nous allons dans un magasin ou une boutique pour acheter ce dont nous avons besoin. (Quoique, dans certains quartiers, au dépanneur du coin, il arrive qu'on trouve une section *lunch-minute* où quelques personnes discutent de tout et de rien tout en sirotant une boisson gazeuse ou un café. L'époque du magasin général nous manquerait-elle ?)

Il est permis de tenter une explication à ces changements : l'industrialisation de la société et le raffinement de l'offre ont amené les consommateurs à vouloir plus de choix et plus de qualité. Les entrepreneurs ont réagi en ouvrant des boutiques spécialisées et des magasins à grande surface. D'autre part, les boutiques permettent de choisir ce qu'il y a de mieux (qualité) et, d'autre part, les grandes surfaces permettent de faire beaucoup d'achats au même endroit, faisant gagner temps et argent (économie, quantité et choix) au consommateur.

Prenons un autre exemple : les loisirs et la culture. Plus une société évolue, plus la culture et les loisirs deviennent populaires. Ainsi, nos ancêtres, les Romains et les Grecs, qui confiaient leurs travaux à des esclaves, ont pu mettre en œuvre une activité culturelle et des « jeux » très différents de ce qui existait dans d'autres sociétés à la même époque.

Ayant réussi à se libérer des tâches journalières et ingrates, ces sociétés ont permis à Platon, à Socrate et à Aristote de penser, de découvrir et d'inspirer des générations de penseurs et de savants. Puisque les besoins de base du peuple libre étaient satisfaits par le travail des esclaves, ces sociétés se sont donné des loisirs, des sports, des événements culturels qui ont encore de l'influence sur nous, aujourd'hui.

À cette époque, les bons entrepreneurs mettaient sur le marché de nouvelles façons de se récréer, de dépenser l'argent gagné grâce aux esclaves et de sublimer l'agressivité des foules. Ces entrepreneurs ont réussi non seulement à satisfaire les besoins de leur marché, mais aussi à attirer la concurrence étrangère. Malheureusement, en ces temps reculés, concurrence était synonyme de conquête guerrière. (Aujourd'hui, la concurrence est moins sanglante, mais non moins féroce.)

Qu'on parle de magasins ou de culture et de loisirs, les besoins à combler sont sensiblement les mêmes. Chacun doit manger, dormir, se sentir aimé, etc. C'est dans la façon de satisfaire ces besoins que les méthodes ont changé. Les Romains se faisaient aimer de leurs épouses et de leurs familles en leur offrant de nouveaux esclaves (aujourd'hui, il s'agit d'un aspirateur ou d'un lave-vaisselle). Les Grecs s'amusaient en écoutant les grands philosophes et dramaturges (aujourd'hui, nous écoutons la télé). Les esclaves se récréaient en chantant et en se racontant des histoires entre eux (il n'y a plus d'esclaves, mais ils nous arrivent de chanter et de raconter des histoires entre nous). Les riches dormaient dans des palais et les pauvres, sur des paillasses à la belle étoile. Pourtant, tous dormaient, tous mangeaient et tous avaient une façon de s'amuser.

Aujourd'hui, les consommateurs veulent des choses bien précises. Nous savons tous que le consommateur recherche de la qualité, du choix, de bons prix. Mais que voudront les consommateurs de demain ? Celui ou celle qui répondra à cette question avec une occasion d'affaires en tête devancera la concurrence.

EN RÉSUMÉ

L'être humain a différents besoins à satisfaire pour assurer sa survie et son bonheur. Si les besoins se ressemblent d'un individu à l'autre, la façon qu'a chacun de les combler diffère grandement. Pourquoi ? Parce que les individus ont des caractéristiques personnelles différentes. De plus, les façons de satisfaire les besoins évoluent. Le défi des entrepreneurs est de déceler maintenant les façons de satisfaire les besoins de demain.

3 ⟩ Les changements et les tendances

Il est assez facile de repérer historiquement les changements qui ont eu lieu. Mais que nous réserve l'avenir ? Quelles sont les tendances dans l'évolution des besoins ? L'objectif du présent chapitre est de tenter de désigner les nouvelles tendances dans les besoins des consommateurs.

3.1 LA PYRAMIDE DES ÂGES

L'âge des gens influe directement sur leurs besoins, notamment sur les biens et les services qu'ils consomment pour satisfaire ces derniers. Une personne de 20 ans qui vivra en 2034 agira comme une personne de 20 ans qui a vécu en 1930 et, de la même façon, une personne de 50 ans comme une personne de 50 ans. Voilà pourquoi nous ouvrons ce chapitre par le modèle de la pyramide des âges.

Vous trouverez à la figure 2 (voir page 44) la pyramide des âges du Québec au 1er juillet 1997 et, au tableau 3 (voir page 43), la représentation graphique de cette même pyramide.

Que remarquez-vous en regardant ce tableau et ce graphique ? Il y a plus de femmes âgées que d'hommes âgés ; seulement 25,3 % de la population est âgée de moins de 19 ans, et 12,36 % de la population a plus de 65 ans. Avez-vous remarqué que les baby-boomers, les gens nés entre 1947 et 1966, représentent quelque 35 % de la population, c'est-à-dire plus du tiers de la population canadienne ? Cela constitue un vaste marché. Historiquement, cette cohorte est responsable des grandes tendances socioéconomiques au pays. Il est donc important de bien comprendre le cycle de consommation de ces personnes.

Les baby-boomers, aujourd'hui dans la trentaine et au début de la cinquantaine, vont prendre leur retraite d'ici les 30 prochaines années, ce qui n'est pas imminent. La population vieillit, c'est indéniable, mais la majorité des gens ne sont pas encore des personnes du troisième âge. En l'an 2000, les baby-boomers auront entre 34 et 53 ans. Le marché des personnes âgées est déjà intéressant, certes, mais il le sera plus encore dans les années à venir.

Dans le tableau 4 (voir page 45), qui présente les perspectives démographiques des 50 prochaines années pour le Québec, nous voyons que l'âge moyen de la population augmente. Il était de 35,7 ans en 1991 et passera à quelque chose entre 44,1 ans et 48,3 ans en 2041. Remarquons que, selon les trois scénarios présentés dans ce tableau, d'ici 30 ans, le quart de la population aura 65 ans et plus, et le nombre de personnes de moins de 14 ans diminuera à vue d'œil.

TABLEAU 3

LA PYRAMIDE DES ÂGES
Québec, 1er juillet 1997

ÂGE	NOMBRE D'HOMMES	% HOMME	NOMBRE DE FEMMES	% FEMMES	% TOTAL
0 à 4 ans	227 728	6,23 %	217 415	5,78 %	6,00 %
5 à 9 ans	242 735	6,64 %	231 243	6,15 %	6,39 %
10 à 14 ans	232 816	6,37 %	223 938	5,95 %	6,16 %
15 à 19 ans	257 170	7,03 %	244 864	6,51 %	6,77 %
20 à 24 ans	247 219	6,76 %	238 243	6,33 %	6,54 %
25 à 29 ans	256 595	7,02 %	247 276	6,57 %	6,79 %
30 à 34 ans	316 018	8,64 %	303 244	8,06 %	8,35 %
35 à 39 ans	340 990	9,32 %	333 355	8,86 %	9,09 %
40 à 44 ans	313 709	8,58 %	312 745	8,31 %	8,44 %
45 à 49 ans	280 355	7,67 %	279 692	7,43 %	7,55 %
50 à 54 ans	237 519	6,49 %	241 163	6,41 %	6,45 %
55 à 59 ans	179 971	4,92 %	185 590	4,93 %	4,93 %
60 à 64 ans	149 296	4,08 %	161 622	4,30 %	4,19 %
65 à 69 ans	135 802	3,71 %	158 206	4,20 %	3,96 %
70 à 74 ans	106 172	2,90 %	140 017	3,72 %	3,32 %
75 à 79 ans	69 685	1,91 %	108 121	2,87 %	2,40 %
80 à 84 ans	38 676	1,06 %	72 409	1,92 %	1,50 %
85 à 89 ans	17 503	0,48 %	41 233	1,10 %	0,79 %
90 ans et plus	7 235	0,20 %	22 320	0,59 %	0,40 %
Total	3 657 194	100,00 %	3 762 696	100,00 %	100,00 %

Source : Site Internet du Bureau de la statistique du Québec, (www.bsq.gouv.qc.ca/données/tab201.htm), tiré de Statistique Canada, Division de la démographie, estimations de la population. Mise à jour le 19 novembre 1997.

FIGURE 2

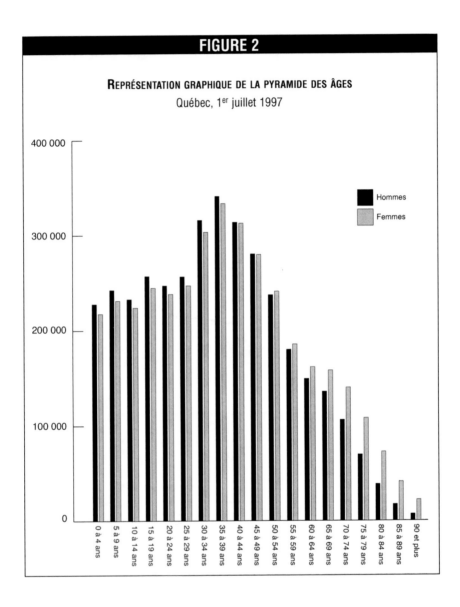

REPRÉSENTATION GRAPHIQUE DE LA PYRAMIDE DES ÂGES
Québec, 1er juillet 1997

TABLEAU 4

PERSPECTIVES DÉMOGRAPHIQUES SELON TROIS SCÉNARIOS
Québec, 1991-2041

Année 1991	Nombre (000)				Pourcentage				
	Total	0-14	15-44	45-64	64 +	0-14	15-44	45-64	64 +	Âge moyen
1991	7 081	1 403	3 433	1 464	781	19,8	48,5	20,7	11,0	35,7
SCÉNARIO MOYEN « A »										
1996	7 396	1 391	3 431	1 677	897	18,8	46,4	22,7	12,1	37,0
2001	7 664	1 370	3 359	1 939	994	17,9	43,8	25,3	13,0	38,4
2006	7 897	1 333	3 231	2 244	1 090	16,9	40,9	28,4	13,8	39,7
2011	8 107	1 287	3 135	2 430	1 255	15,9	38,7	30,0	15,5	40,9
2016	8 290	1 275	3 111	2 425	1 480	15,4	37,5	29,3	17,9	42,1
2021	8 446	1 271	3 097	2 349	1 728	15,0	36,7	27,8	20,5	43,2
2026	8 563	1 260	3 046	2 252	2 005	14,7	35,6	26,3	23,4	44,2
2031	8 635	1 240	3 015	2 157	2 223	14,4	34,9	25,0	25,7	45,0
2036	8 662	1 215	2 978	2 166	2 304	14,0	34,4	25,0	26,6	45,7
2041	8 650	1 195	2 926	2 201	2 328	13,8	33,8	25,4	26,9	46,2
SCÉNARIO FAIBLE « D »										
1996	7 377	1 385	3 421	1 675	896	18,8	46,4	22,7	12,1	37,0
2001	7 519	1 308	3 296	1 926	989	17,4	43,8	25,6	13,2	38,6
2006	7 620	1 213	3 114	2 123	1 080	15,9	40,9	29,0	14,2	40,2
2011	7 696	1 116	2 967	2 375	1 238	14,5	38,6	30,9	16,1	41,7
2016	7 746	1 086	2 865	2 341	1 454	14,0	37,0	30,2	18,8	43,1
2021	7 764	1 065	2 779	2 230	1 690	13,7	35,8	28,7	21,8	44,4
2026	7 739	1 031	2 659	2 097	1 951	13,3	34,4	27,1	25,2	45,6
2031	7 663	982	2 563	1 971	2 146	12,8	33,4	25,7	28,0	46,7
2036	7 541	929	2 461	1 952	2 200	12,3	32,6	25,9	29,2	47,7
2041	7 383	888	2 342	1 960	2 192	12,0	31,7	25,5	29,7	48,3
SCÉNARIO FORT « E »										
1996	7 416	1 402	3 438	1 678	897	18,9	46,4	22,6	12,1	36,9
2001	7 804	1 447	3 409	1 950	998	18,5	43,7	25,0	12,8	38,0
2006	8 165	1 477	3 322	2 268	1 099	18,1	40,7	27,8	13,5	39,1
2011	8 503	1 491	3 272	2 472	1 269	17,5	38,5	29,1	14,9	40,1
2016	8 818	1 497	3 330	2 490	1 500	17,0	37,8	28,2	17,0	41,0
2021	9 110	1 514	3 397	2 442	1 758	16,6	37,3	26,8	19,3	41,9
2026	9 376	1 535	3 421	2 372	2 047	16,4	36,5	25,3	21,8	42,7
2031	9 608	1 558	3 466	2 302	2 282	16,2	36,1	24,0	23,8	43,3
2036	9 799	1 575	3 510	2 331	2 384	16,1	35,8	23,8	24,3	43,8
2041	9 951	1 586	3 541	2 391	2 433	15,9	35,6	24,0	24,4	44,1

Source : Site Internet du Bureau de la statistique du Québec,
(www.bsq.gouv.qc.ca/données/page12.htm) ;
Tiré de *Perspectives démographiques : Québec et régions, 1991-2041 et MRC 1991-2016*, mise à jour le 7 mars 1997.
Notes : Ces scénarios sont bâtis sur la base d'hypothèses sur le taux de natalité, le taux de mortalité, l'immigration et l'émigration. Naturellement, ces données peuvent changer si l'un ou l'autre de ces éléments se modifie.

Si la tendance se poursuit, en présumant que la natalité n'augmentera pas et que les gens vivront plus vieux, le marché des personnes âgées sera en hausse, celui des adolescents et des enfants sera en baisse, de même que celui des jeunes adultes.

Certes, vous saviez tout cela! Mais avez-vous sérieusement songé à ce que peuvent signifier ces renseignements pour quelqu'un qui est à la recherche d'une idée d'entreprise?

3.2 LES CHANGEMENTS

À l'aide de données comme la pyramide des âges et les perspectives démographiques, il est possible de prévoir les changements à venir dans notre société. Dans le tableau 5 (voir page 48), nous présentons un tour d'horizon de ce que nous savons aujourd'hui sur ces changements. Cette liste n'est pas exhaustive et elle peut se modifier très rapidement, selon ce que l'avenir nous réserve. Nous vous encourageons à élaborer votre propre liste de changements et à demeurer à l'affût des nouveautés et des modes.

Les changements peuvent être regroupés de plusieurs façons; nous avons choisi de le faire selon trois grandes catégories: sociodémographiques, technologiques et économiques.

EXERCICE 2

RÉPONDRE AU MARCHÉ CROISSANT DES PERSONNES ÂGÉES

Prenez quelques minutes et notez les idées de produits ou de services à offrir au marché croissant des personnes âgées.

_____

_____

_____

_____

_____

_____

Voici quelques idées : une agence de voyages spécialisée, un Club Med adapté ; des vêtements sport pour des personnes âgées ; des livres ou des magazines imprimés en gros caractères ; des tiroirs ou des poignées faciles à manipuler par des personnes souffrant d'arthrite ; des paniers d'épicerie moins difficiles à diriger ; la livraison ou les services à domicile.

Réfléchissez encore un peu. Il y a sûrement encore beaucoup d'idées qui pourraient vous venir.

_____

_____

_____

_____

_____

_____

TABLEAU 5

CE QU'ON SAIT AUJOURD'HUI

- Baisse de la natalité
- Augmentation de la longévité
- Augmentation de l'immigration
- Augmentation du pouvoir d'achat des femmes
- Arrivée des enfants consommateurs
- Préoccupation environnementale
- Préoccupation pour la santé et pour la sécurité
- Diminution des services gouvernementaux
- Création rapide de nouvelles technologies
- Revenu minimum à la hausse, mais services sociaux à la baisse
- Exigence de qualité et de personnalisation
- Augmentation du nombre de personnes vivant seules
- Familles monoparentales et reconstituées
- Augmentation du niveau de scolarité
- Rapidité des communications
- Découvertes médicales et scientifiques de toutes sortes
- Exploration de l'espace (et des fonds marins)
- Automatisation industrielle
- Micro-informatique et Internet à la portée de tous
- Médecines douces
- Recyclage des divers matériaux
- Ouverture des marchés à l'exportation et à l'importation
- Libre-échange et mondialisation des marchés
- Spiritualité et qualité de vie
- Changements dans la structure de l'emploi

Notez ici vos propres prévisions.

_____

_____

_____

_____

Note : Ceux qui ont lu les premières éditions de ce livre auront remarqué que ce tableau diffère très peu de celui qui y était présenté. Ce sont plutôt les façons de réagir à ces changements, par le biais de nouvelles tendances, qui ont changé.

3.2.1 Les changements sociodémographiques

Parmi les changements de nature sociodémographique, outre la pyramide des âges et le vieillissement de la population, on trouve l'augmentation des personnes vivant seules, des familles monoparentales et des familles reconstituées, de l'immigration, du niveau de scolarité, des préoccupations sociales, de la présence des femmes sur le marché du travail et de l'arrivée des enfants consommateurs.

Les variations dans la démographie ont entraîné des besoins nouveaux. Le nombre de plus en plus grand de personnes vivant seules (jeunes adultes célibataires ou divorcés, personnes âgées, couples séparés à cause du travail) a conduit les entreprises à offrir des produits et des services qui répondent aux besoins d'une seule personne et non seulement à ceux d'une famille ; par exemple, nous avons vu apparaître les petits formats en alimentation et pour les soins de la personne, ainsi que les voyages en groupe (pour ceux qui ne veulent pas voyager seuls).

Les variations démographiques ont également provoqué une modification des valeurs. Ainsi, plus on avance en âge, plus on pense à la famille et à la postérité. Les plus jeunes, en réaction (il n'y a rien de nouveau sous le soleil), veulent sortir du nid et s'émanciper. Les baby-boomers qui, jeunes, détestaient la cravate portent maintenant fièrement leurs plus beaux atours pour aller travailler. Les personnes plus âgées qui n'auraient jamais accepté de se vêtir de « bleus de travail », apprécient désormais les vêtements confortables que sont le jeans et les espadrilles (pour voyager ou pour aller dans les magasins, par exemple).

Les préoccupations sociales des consommateurs (environnement, santé, alimentation, loisirs, culture et travail) ont obligé les entreprises à transformer leurs produits et leurs services ; on trouve, par exemple, les contenants recyclables, les garderies en milieu de travail et les places à 5 $, les restaurants avec menu santé et les loisirs à domicile (club vidéo et jeux électroniques).

Il y a quelques années, on parlait beaucoup de *cocooning* (de l'anglais « se faire un cocon »). Que signifie le *cocooning* ? Les fins de semaine à la maison, vêtu confortablement, petit-déjeuner au lit, discussions en amoureux ou en petite famille, lecture, écoute de musique ou visionnement d'un bon film ; bref, on se fait un petit nid bien douillet et on y reste. Qu'advient-il de cette tendance ?

Les baby-boomers (32 à 51 ans aujourd'hui), qui ont été les précurseurs de cette tendance au moment où ils élevaient leurs enfants, maintenant qu'ils sont plus vieux, reprennent en partie leur vie de jeunesse. Ils sortent dans les restaurants-bars concepts, en petits groupes, reçoivent un peu à la maison et, en général, s'assurent que leur environnement est sécuritaire. On peut même avancer que, d'ici quelques années, lorsque les baby-boomers prendront leur retraite, un nouveau profil de consommation naîtra. Par exemple, nous sommes à peu près certains que ces gens :

- dépenseront plus en soins médicaux, pour leur confort et leur bien-être en général ;
- augmenteront leur niveau d'épargne ; les affaires d'or que font nos institutions financières démontrent que le mouvement est déjà enclenché ;
- réduiront leur consommation de produits de première nécessité (nourriture et habillement).

Toutefois, le *cocooning* n'est pas pour autant terminé. Les jeunes familles, qui n'ont pas toujours les moyens de sortir et qui préfèrent rester à la maison avec les enfants, font encore du *cocooning*.

Les commerçants ont donc avantage à offrir des services de livraison, d'installation et de réparation à domicile. Les restaurateurs ont avantage à offrir la commande à emporter et la livraison.

Depuis quelques années déjà, dans les centres commerciaux apparaissent de nouveaux types de commerce directement reliés à ce mode de vie. Mentionnons la prolifération de clubs vidéo, de boutiques de lingerie masculine ou féminine, de boutiques spécialisées dans les produits pour le bain et les soins corporels, et de magasins de décoration très spécialisés (salle de bains, chambre à coucher, cuisine, salon, etc.).

Un nouveau phénomène, associé en partie à la monoparentalité et au fait que les femmes ayant un conjoint sont également sur le marché du travail, est apparu dans la société : l'arrivée des enfants consommateurs. Aujourd'hui, les adolescents, et même les préadolescents, font leur propre épicerie, choisissent leurs vêtements et leurs loisirs. Ces jeunes sont ou vont devenir des consommateurs avertis et représentent un nouveau créneau important pour les entreprises.

Pour avoir une bonne idée des changements qui nous attendent, regardons la télévision, allons voir les pièces de théâtre nouvel âge, lisons des livres comme ceux de Faith Popcorn et de David K. Foot et portons une attention particulière aux messages que passent les leaders d'opinion ou les idoles des jeunes (Sting sur l'environnement, Elton John sur la paix, Richard Gere et d'autres sur la spiritualité, etc.).

EXERCICE 3

MES PRÉVISIONS SOCIODÉMOGRAPHIQUES

Tentons une prévision sur le plan sociodémographique. Nous nous dirigeons vers :

- un retour à la cellule familiale et aux valeurs traditionnelles ;
- à plus long terme, une augmentation du nombre de personnes âgées, vivant seules, majoritairement des femmes, en bonne santé physique et probablement avec des finances saines ;
- et encore plus tard, d'après vous ?

_____

_____

_____

_____

3.2.2 Les changements technologiques

La technologie est omniprésente et en constante évolution. Au cours des dernières années, nous avons vu s'accroître la vitesse des communications (télécopieur, Internet), l'implantation de micro-ordinateurs dans nombre de foyers, l'apparition de la télévision interactive et à la carte, le téléphone avec image, l'automatisation, voire la robotisation industrielle, les médecines douces, le recyclage des divers matériaux, les automobiles équipées d'un localisateur par satellite, etc.

Ces nouvelles technologies ont provoqué de nouvelles exigences chez les consommateurs. Ils veulent être servis plus rapidement (guichet automatique, service à l'auto, train à grande vitesse, téléphone cellulaire et numérique, achat par Internet), demandant plus d'efficacité et de qualité dans les produits qu'ils utilisent (par exemple, diminution de la consommation de carburant dans les voitures, des ampoules et des batteries longue durée, des garanties à long terme et le respect des normes sur les produits) et souhaitent qu'on leur simplifie la vie (dépôt du salaire qui évite les déplacements à la banque, paiement direct en magasin ou de chez soi par téléphone ou Internet, four à micro-ondes, etc.).

Ces nouvelles technologies poussent le consommateur à être de plus en plus exigeant sur les plans de la qualité, de la rapidité et de la fiabilité. Elles lui permettront également de consacrer plus de temps aux loisirs, de travailler à la maison plutôt qu'au bureau, et d'être mieux informé.

Ces changements ouvrent la voie à de nouveaux produits, à de nouveaux services. Quels sont, selon vous, les changements technologiques qui se produiront dans un avenir rapproché ?

EXERCICE 4

MES PRÉVISIONS TECHNOLOGIQUES

D'après vous, en quelle année :

- chaque foyer sera-t-il équipé d'un téléphone avec image ? d'un accès à Internet directement sur la télévision ? _____

- irons-nous passer nos vacances sur la Lune ou sur une base spatiale ? _____

- y aura-t-il des Clubs Med sous la mer ? _____

Notez vos prévisions et suivez de près les bulletins d'information !

3.2.3 Les changements économiques

Parmi les changements économiques, on note l'augmentation des revenus des femmes (présence accrue sur le marché du travail) ; la diminution des services gouvernementaux (la fin lente mais certaine de l'État providence) ; l'ouverture des marchés (exportation et importation), le libre-échange, la mondialisation des marchés et les changements dans la structure de l'emploi.

On remarque, de plus, la spécialisation de plus en plus grande des marchés cibles (les jeunes, les personnes âgées, les ethnies, les cultures, etc.).

Ces changements économiques influent sur le comportement d'achat des consommateurs, entraînant de nouvelles façons de satisfaire leurs besoins, et ouvrent de nouveaux marchés.

Par exemple, la compression dans les services gouvernementaux ouvre la voie à des créneaux de marché tels que les écoles et les cliniques médicales privées, les soins infirmiers à domicile, les soins aux personnes âgées en perte d'autonomie, aux enfants, aux handicapés, etc. La passation des pouvoirs (et des dépenses) aux municipalités fera émerger la pratique de la sous-traitance (pavage des routes, entretien des accotements d'autoroute, tonte du gazon et entretien des parcs, etc.).

Compte tenu de l'augmentation du nombre de femmes sur le marché du travail et de l'augmentation du revenu familial, de nouveaux produits et services ont fait leur apparition sur le marché. Par exemple, au magasin d'alimentation, les plats surgelés et préparés sont de plus en plus nombreux et de meilleure qualité. Les fabricants de vêtements féminins offrent désormais une gamme de produits adaptés à la femme qui travaille (et dont la part du budget consacrée à l'achat de vêtements est « serrée »). Dans les publicités pour des produits non exclusivement féminins (voiture et restaurant, par exemple), on voit de plus en plus de femmes dans le rôle d'acheteuses.

L'économie actuelle a changé la structure de l'emploi. Aujourd'hui, au Québec et au Canada, il y a environ une personne sur quatre qui exploite et dirige une entreprise, soit à titre de dirigeant de PME, de travailleur autonome ou de pigiste. C'est énorme! Ces travailleurs autonomes et ces pigistes ont besoin de produits et de services adaptés à leurs besoins, souvent moins grands que ceux des PME. À preuve, les banques et les caisses populaires, ainsi que les entreprises telles que Bell, Rogers et autres offrent des forfaits spéciaux pour les travailleurs autonomes. Les marchands d'équipement et de mobilier de bureau tiennent des produits qui répondent aux besoins propres des toutes petites entreprises. Regardez-y de plus près, il reste certainement des besoins à combler.

Les personnes qui travaillent à la maison s'ennuient de l'atmosphère du bureau, des pauses-café en groupe, des échanges d'idées et peut-être aussi des potins.

Que pourrions-nous leur proposer?

Une lettre circulaire, des audiocassettes d'ambiance de bureau, etc.

Les changements économiques frappent aussi la composition même des marchés de consommation. Dans les métropoles et les grandes villes, surtout, les marchés culturels ou ethniques sont de plus en plus intéressants pour les entrepreneurs. Mentionnons, entre autres, les librairies et les restaurants spécialisés.

Pour un Québécois d'origine russe, par exemple, un restaurant de spécialités russes qui sert un excellent caviar et de la vodka à la température désirée serait très invitant. Si, de plus, il pouvait se procurer des livres, des magazines ou même des films dans sa langue maternelle, il serait au comble du bonheur.

L'économie mondiale est en pleine mutation. Tous les jours, les journaux font état de changements et de nouvelles politiques économiques. Pour devenir un observateur actif et plein d'idées, faites l'exercice 5 (voir page 56).

Tous ces changements entraînent des comportements d'achat différents de ceux que nous connaissons actuellement. Comme nous l'avons déjà mentionné, les besoins demeureront toujours les mêmes, mais la façon de les satisfaire changera. Le défi actuel est de déterminer de quelle manière les changements sociodémographiques, technologiques et économiques vont influer sur les comportements d'achat. Quelles sont les nouvelles tendances?

EXERCICE 5

MES PRÉVISIONS ÉCONOMIQUES

Prenez un journal ou un magazine d'affaires. En ne lisant que les gros titres, quels changements dans l'économie pouvez-vous repérer?

_____

_____

_____

En ne lisant que les annonces publicitaires, quels changements pouvez-vous reconnaître?

_____

_____

_____

3.3 DES CHANGEMENTS AUX NOUVELLES TENDANCES

Dans les pages précédentes, nous avons mentionné quelques nouvelles tendances. Nous en avons répertorié d'autres en lisant des magazines, des journaux et des livres, en consultant certains sites Internet, en regardant la télévision et en assistant à des conférences. Nous vous présentons dans les tableaux 6 à 8 (pages 58 à 60) les principales tendances que prévoient les spécialistes du domaine.

Ces nouvelles tendances vont influer sur les comportements d'achat des consommateurs, ouvrir la voie à de nouveaux produits et services ou à de nouvelles façons de présenter les produits ou les services existants. Dans les pages qui suivent, nous nous sommes amusés à indiquer pour certaines tendances des produits ou des services, existants ou à venir, qui leur conviennent. Faites de même, vous serez surpris des résultats !

TABLEAU 6

TENDANCES - LE NOUVEAU CONSOMMATEUR
Gérard Mermet, Paris, Larousse, 1996

Tendances	Comme dans...
1. L'efficacité et le plurifonctionnel	Multitâches
2. La pérennité	Solidité, durée
3. Le temps	Gagner du temps, satisfaction au moment présent
4. La santé	Être en forme, bien-être
5. Le plaisir	Esthétique des produits, petites douceurs
6. La diversité	Essayer des choses différentes, « zapping »
7. L'évasion	Nostalgie, rétro, exotisme
8. L'autonomie	Maîtriser son destin (jardinage, bricolage)
9. La personnalisation	Sur mesure
10. La considération	On demande des privilèges
11. La participation	Interactivité
12. L'optimisation	Rapport qualité / prix
13. La continuité	Portable, nomade
14. Le confort	Physique et moral
15. La sécurité	Supprimer les risques personnels et collectifs
16. L'innocuité	Bon pour nous, mais aussi pour l'environnement
17. La recherche de ce qui est pratique	Facile à...
18. La proximité	Géographique, psychologique et thématique
19. L'authenticité	Nature, communion, écologie
20. La vertu	Éthique et transparence
21. La transparence	Au sens littéral (savon transparent)
22. La discrétion	Satisfaction intérieure, luxe discret
23. La pédagogie	Comprendre en plus de savoir
24. La synthèse	Compilations, tout en un même endroit
25. La positivité	Être rassuré, humour
26. La convivialité	Communiquer, partager
27. La culture	Patrimoine, trouver des repères
28. Le sens	Philosophique, un sens à la vie
29. La transcendance	Magie, sciences occultes
30. Le développement personnel	Affirmer son identité
31. L'harmonie	Équilibre en tout

TABLEAU 7	
LES TENDANCES AU QUÉBEC	
Jean-Marc Léger, Léger & Léger, *Recherche & Stratégie Marketing*	
Texte de conférence, 1998.	
Tendances	**Comme dans...**
La maturité	Population vieillissante, consommation qui augmente, revenu stable, déplacement dans la consommation, éclatement de la famille
La révolution du savoir	Clientèle plus informée, mutations technologiques, augmentation des services-conseils
La recherche de ce qui est pratique	Diminution du temps libre, aucun compromis accepté, augmentation du niveau de stress
L'infidélité	De la notion de prix au concept de valeur, diminution du budget, classe moyenne éclatée

3.3.1 Je, me, moi

Dans toutes ces tendances, avez-vous remarqué que nombre d'entre elles se rapportent à la personne : la santé, le plaisir, le temps, l'autonomie, la personnalisation, le confort, la sécurité, la pédagogie, le sens, l'harmonie, la recherche de ce qui est pratique, le *cocooning*, les petites indulgences et l'«egonomie». Cette tendance aux produits et aux services personnalisés va changer notre manière de consommer.

TABLEAU 8

LES TENDANCES SELON FAITH POPCORN

Clicking, 1996

Tendances	Comme dans...
Cocooning (se faire un cocon)	Rester à la maison pour se prémunir contre un environnement hostile
Clanning (se regrouper)	Appartenir à un groupe qui partage nos valeurs, notre vision et nos problèmes
Aventure fantastique	Aventure sans risque (restaurant exotique)
Revanche par le plaisir	On a assez souffert... mangeons, dansons...
Petites indulgences	On a bien travaillé... on se récompense
Ancrage	Retour à des bases spirituelles
« Egonomie » (ego et économie)	Moi, affirmation de soi
Pensée féminine	Valeurs plus familiales et maternelles
« Homocipation » (homme et émancipation, au sens générique)	Plus que les affaires... nous sommes des personnes
99 vies	Assumer plusieurs rôles à la fois
Retrait	Laisser tomber la carrière pour vivre plus simplement
Retour à la jeunesse	Plus de légèreté dans notre vie sérieuse d'adulte
Consommateur plus qu'averti	Les groupes de pression
À bas les idoles	Rejeter les anciens piliers de la société
Sauvons notre société (S.O.S. -*Save our Society*)	Redécouverte de la conscience sociale

La santé est importante, et c'est pourquoi la demande pour les produits santé augmente. Toutefois, nous voulons gagner du temps et nous refusons de souffrir en joggant ou en respectant un régime sans gras, sans sel et sans sucre ! Nous aimerions obtenir la santé sans effort, en capsule, d'où la prolifération des médecines douces, des boissons repas, des huiles essentielles et autres extraits de plantes et des remèdes miracles (faites tout de même attention à ces derniers).

> Que consommerons-nous demain pour être plus en santé sans avoir à souffrir ?

Les tendances à l'autonomie et à la pédagogie ouvrent la voie à des produits autodidactiques ; par exemple, des cédéroms sur les jardins japonais, sur la cuisine exotique, sur la fabrication de meubles, etc. Cette tendance révèle le désir de se réaliser et d'être fier de soi, dans un environnement qui ne le permet pas toujours.

> Que pourrions-nous mettre sur le marché qui aiderait les consommateurs à être autonomes, à apprendre et à se réaliser ?

En raison du désir de personnalisation, les détaillants et les manufacturiers qui trouveront le moyen d'offrir à leurs clients des produits ou des services faits exclusivement pour eux verront leur clientèle s'accroître.

> Vous pensez à un petit commerce, à un restaurant, à un service en particulier ?
>
> N'oubliez surtout pas de l'adapter au goût de vos concitoyens. Si vous vous établissez dans une région nouvelle pour vous, étudiez les préférences de votre clientèle cible.

Pensez aux produits et aux services suivants : bière, chocolat, gomme à mâcher, cigarettes, shampoing, savon, voiture, restaurant et coiffure. Pour chacun d'eux, il y a une multitude de marques, de prix, de qualités, de couleurs, d'odeurs, d'options, de choix et d'emplacements où se les procurer. Il existe pratiquement une combinaison unique pour chaque individu. Même dans le cas du jeans — produit uniforme s'il en est un —, il existe maintenant suffisamment de marques et de modèles pour vêtir tous les élèves d'une polyvalente sans en retrouver deux identiques.

La compagnie Campbell's fait des soupes aux tomates avec un goût différent selon ses marchés, l'Ouest ou l'Est américain, les États centraux ou le Canada (par exemple, elle est plus sucrée au Québec). McDonald's offre des saveurs et des choix légèrement différents selon que ses restaurants sont américains, canadiens ou russes.

> Que penseriez-vous de produire sur mesure (et de les vendre) des meubles, des chaussures, des livres, des disques compacts, des matelas, des sacs à main, des survêtements de sport, des stylos, des sièges d'auto pour enfant, etc. ?

La tendance des consommateurs à rechercher ce qui est pratique, facile d'accès et d'utilisation et qui fait gagner du temps suscitera les entrepreneurs à penser à de nouvelles façons de présenter leurs biens.

> Nous connaissons déjà les guichets automatiques et le service à l'auto pour les banques et les restaurants, mais que penser d'adapter ce type de service aux nettoyeurs à sec, aux dépanneurs, aux boutiques de vêtements, à la pharmacie, etc.

Les petites indulgences et la revanche par le plaisir représentent des tendances fort intéressantes pour les nouvelles entreprises. En effet, nous consommons de plus en plus de petites choses, relativement peu dispendieuses, pour nous récompenser d'avoir bien travaillé, de nous être maintenus en santé durant des années, de devoir assumer plusieurs rôles dans une même journée (mère, père, bénévole, travailleur, confident, etc.), et d'avoir à subir le stress de notre environnement. Au diable les calories ou le budget de la semaine, nous méritons quelques gratifications !

Ce marché, bien représenté par les gâteries Häagen-Dasz, les disques compacts, les livres de toutes sortes, les magasins de produits pour le corps (lotion, savon), les boutiques d'aliments fins (pâté de foie, pâtisserie, caviar), nous permet de dépenser une somme raisonnable (entre 10 $ et 20 $) afin de nous offrir un petit plaisir. Pour certains, plus fortunés, ces petites indulgences peuvent prendre la forme d'un modèle de voiture plus gros, d'un fauteuil plus confortable, d'un appareil télé plus grand ou d'une chaîne stéréo plus raffinée.

> Pensez dès maintenant à ce que nous achèterons demain pour nous récompenser!

Nous sommes également très conscients de notre besoin de sécurité, car nous vivons dans un environnement quelque peu hostile. Pollution, vols de banque, violence gratuite, fraude informatique (ce qui effraie bien des gens), émanation de monoxyde de carbone dans les maisons, voilà autant de fléaux dont nous voulons nous protéger. Pour assurer notre sécurité, nous sommes prêts à en payer le prix: système d'alarme, vaporisateur de poivre, antidémarreur, etc.

> Demain, embaucherons-nous des gardes du corps pour faire les courses ou pour aller reconduire les enfants à l'école? Achèterons-nous des détecteurs de pollution afin de tester l'atmosphère avant de sortir? Et quoi encore?

Enfin, notre temps est précieux et le «faire-faire» est une façon de se simplifier la vie et de conserver du temps pour soi. Pour les entreprises, il s'agit de sous-traitance; pour les particuliers, ce sont les services personnels.

> Avez-vous remarqué que nous n'avons pas le temps de nettoyer la piscine, mais que nous avons le temps de regarder le petit robot nettoyeur le faire à notre place!

Les entreprises donnent de la sous-traitance à de plus petites entreprises, en particulier pour les biens ou les services qui leur sont essentiels mais peu économiques à produire; par exemple, la cueillette et la livraison, l'emballage, les services comptables ou l'entretien de l'équipement.

Chez les particuliers, on remarque le même phénomène. De plus en plus de gens font faire leur ménage, l'entretien des parterres, des piscines, des voitures (lavage à la main), et font faire leurs courses par d'autres.

Que ferons-nous faire demain ?

LES PRODUITS ET LES SERVICES
LES PRÉOCCUPATIONS PERSONNELLES

Cassettes de méditation et de relaxation	Recettes santé
Massothérapie	Petites récompenses
Réflexologie et aromathérapie	Garde du corps
Livres sur le développement personnel	L'humour
Formations diverses (cours et ateliers)	Guides d'apprentissage
Recyclage du papier, du verre, des plastiques et des métaux	Protection contre la pollution
Produits fabriqués avec des matériaux recyclés	Aliments fins
Produits naturels	Livraison de divers produits ou services

3.3.2 Un peu de folie

On a beau s'adonner au *cocooning*, il faut tout de même mettre un peu de folie dans la vie. De nombreuses tendances s'inscrivent dans cette volonté de s'amuser ; par exemple, la diversité, l'évasion, la participation, la positivité, la convivialité, l'aventure fantastique et le retour à la jeunesse.

Nos comportements de consommation reflètent bien cet ensemble de tendances : la télévision interactive, les assistances records aux spectacles d'humoristes, la nourriture et les restaurants exotiques, les sports extrêmes (*rafting*, vélo de montagne, planche à neige ou à voile), les groupes de discussions sur Internet, les vacances au Club Med, etc.

Les consommateurs veulent s'amuser pourvu que ce ne le soit pas au détriment de leur sécurité. Une soirée dans un restaurant mexicain ou japonais permet de se dépayser et de pouvoir rentrer à la maison avant le bulletin d'informations télévisé. Nous planifions une journée à descendre la rivière Batiscan en radeau pneumatique, mais, au retour, on souhaite une soirée à la maison, au chaud, en dégustant une fondue. On va visiter des ruines Maya en pleine jungle, mais on revient à l'hôtel pour une bonne douche et un lit moelleux.

Tous les produits et les services qui permettent (et nous permettront) de mettre un peu de folie dans la vie ont de grandes chances de succès.

UN PEU DE FOLIE

Vacances d'aventure

Sports extrêmes

Produits importés

Restaurants exotiques

Vêtements exotiques

Que pourriez-vous ajouter à cette liste de produits
« un peu de folie » ?

3.3.3 Soyons des consommateurs avertis

Bien qu'on souhaite s'amuser, nous recherchons avant tout la qualité de ce que nous consommons. Parmi les tendances qui relèvent de la recherche de la qualité, mentionnons l'efficacité et le plurifonctionnel, l'optimisation, la synthèse, la maturité et la révolution du savoir.

Le consommateur est de plus en plus exigeant. Outre la rapidité, il exige qualité et efficacité. Les voitures doivent consommer peu de carburant, durer plusieurs années, avoir un beau design, posséder une excellente garantie et être livrée « hier ».

Que le consommateur achète une radiocassette, un matelas, un ordinateur, un livre, une ampoule électrique, une boîte de conserve ou un repas au restaurant, il veut que « ça marche du premier coup », que « ce soit sécuritaire », que « ça ne le laisse pas tomber » et, surtout, que « ça lui en donne pour son argent ». S'il est contrarié dans ses attentes, le consommateur portera un jugement impitoyable : il n'achètera plus jamais à cet endroit.

Cette attitude du consommateur représente, pour une entreprise, une contrainte (ou une occasion) qu'elle ne peut ignorer, car son succès et même sa survie en dépendent.

Devant la concurrence étrangère, les fabricants de voitures américaines ont augmenté la qualité et la fiabilité de leurs voitures. Nombre d'entre eux ont eu la vie difficile durant quelques années. Seules leur ancienneté, leur clientèle acquise et l'aide de l'État leur ont permis de survivre. Une nouvelle entreprise ne possède pas ces atouts.

On observe également que les consommateurs apprécient le fait qu'un produit ou un service remplisse plus d'une fonction ; par exemple, un appareil qui soit téléphone, télécopieur et répondeur à la fois. Les micro-ordinateurs doivent permettre de recevoir le courrier électronique, d'écouter de la musique, de regarder un film, de faire des recherches encyclopédiques, de trouver un numéro de téléphone, etc. Les gens désirent, en outre, que l'information soit synthétisée (compilations musicales, livres résumés).

Quelles fonctions pourriez-vous ajouter aux produits ou aux services accessibles actuellement ?

Que pourriez-vous synthétiser ?

3.3.4 Et bien d'autres choses encore

Avez-vous pensé à :

• rendre plus solide ce qui ne l'est pas ?

• remettre sur le marché des produits à la mode au cours des années 1950 et 1960 ?

• rendre portatif ce qui ne l'est pas ?

• produire des produits « transparents » ?

• offrir des produits de luxe discrets ?

• faire des recherches sur les ancêtres et les armoiries familiales ?

• offrir des conseils basés sur vos compétences ?

• aider les gens à gérer leur stress et leur temps ?

• créer des jeux interactifs, non violents, pour la famille ?

• recycler, à réutiliser, à récupérer ?

EN RÉSUMÉ

Les comportements d'achat changent principalement en raison de la démographie. L'âge des consommateurs, également, influe sur leurs achats et sur leurs façons d'acheter. Restez à l'affût de la démographie et vous verrez des tendances émerger.

4 > Les sources d'idées pour se lancer en affaires

Dans la recherche de sources d'idées pour trouver un projet d'entreprise, l'entrepreneur dispose d'abord de possibilités qui lui sont proches, à savoir son environnement et sa créativité. Par la suite, il peut étendre sa recherche d'information aux organismes et aux documents.

4.1 L'ENVIRONNEMENT IMMÉDIAT

Autour de vous, à la maison, entre amis, au bureau, à la pause-café, vous entrez en contact avec beaucoup de gens. Tous les jours, vous entendez des conversations et vous participez à des discussions. Pendant ce temps, êtes-vous à l'écoute des besoins exprimés par toutes ces personnes ?

Une façon très simple de découvrir une idée d'entreprise, c'est d'être à l'écoute des besoins, des commentaires et, surtout, des critiques des gens qui vous entourent. Les mots d'ordre ici sont : **écoute** et **observation**.

> Un fabricant de meubles de salon s'est fabriqué un meuble de travail pour son bureau. Plusieurs de ses amis et de ses clients l'ont complimenté. Maintenant, il fabrique aussi du mobilier de bureau.

4.1.1 Les défauts de l'entourage

Nous faisons face quotidiennement à de nombreux irritants. Vous-même et les gens de votre entourage en parlez tous les jours. Par exemple :

- J'ai dû courir dans toute la ville pour trouver... !

- Dans mon quartier, il n'y a pas de... !

- Ce matin, mes rôties étaient encore brûlées !

- Je me suis encore cogné les orteils contre... !

- Je n'en peux plus de me battre avec ces boîtes de mouchoirs de papier !

- Hier, j'ai encore dû envoyer un touriste se trouver une chambre dans la ville voisine !

- Pourquoi n'y a-t-il pas encore de ventilateur complètement silencieux ?

- Je déteste perdre mon temps à aller au garage !

Pourtant, parmi ces irritants qui nous rendent la vie difficile, se cache peut-être une idée intéressante. Vous n'êtes certainement pas le seul à vous heurter à ces irritants ! Penchez-vous sur la question en répondant à la question posée dans l'exercice 6 (voir page 71). Si vous êtes étudiant, posez-vous les mêmes questions en vous référant à vos professeurs et à vos collègues d'études ou de travail d'été.

Quelques produits qui ont réglé le problème de certains irritants :
- Les cure-oreilles
- Les tapis sauve-pantalon pour automobile
- Les déflecteurs d'essuie-glaces
- Les mini-réchauds à café
- Les garages de réparation automobile ouverts la nuit
- Les pneus quatre-saisons
- Le magnétoscope à deux lecteurs
- L'ordinateur portatif
- Les mouchoirs de papier avec lotion

EXERCICE 6

MES IRRITANTS

Depuis la semaine dernière, quels sont les irritants auxquels vous avez dû faire face ?

_____

_____

_____

4.1.2 Le milieu de travail

Vous pouvez trouver votre occasion d'affaires dans votre milieu de travail actuel ou en réfléchissant à vos emplois précédents. Par exemple, vous pouvez constater les situations suivantes :

- Certains clients ne sont pas satisfaits des produits ou des services offerts par votre employeur.

- Votre employeur n'est pas satisfait de l'un de ses fournisseurs.

Ainsi, vous pouvez peut-être faire mieux ou différemment de votre employeur actuel ou précédent, lui offrir des produits ou des services qu'il a de la difficulté à se procurer, vendre à votre propre compte les produits qu'il fabrique, des produits complémentaires ou des substituts.

Pour vous amuser à trouver des idées d'entreprises dans votre milieu de travail, répondez aux questions soulevées dans l'exercice 7 (voir page 73). Si vous êtes étudiant, posez-vous les mêmes questions en vous référant à vos stages ou à vos emplois d'été.

EXERCICE 7

DES IDÉES EN PROVENANCE DE MON TRAVAIL

- Les produits que j'ai fabriqués ou les services que j'ai déjà vendus pour un employeur sont :

- Ces produits étaient distribués ou vendus de la façon suivante :

- Pour fabriquer ces produits ou vendre ces services, l'employeur avait besoin des produits ou des services suivants :

- Habituellement, les plaintes des clients portaient sur les points suivants :

- Habituellement, les plaintes de mon employeur portaient sur les points suivants :

- Suis-je en mesure de régler ces plaintes en produisant ou en vendant un produit ou un service, pour mon employeur ou certains clients ?

4.1.3 Les gens d'affaires

Les engagements sociaux (bénévolat, association professionnelle ou sportive) représentent également d'excellentes sources d'idées. En vous associant aux activités d'organismes sociaux ou économiques, vous avez la chance de rencontrer des gens fort intéressants et, en particulier, des femmes et des hommes d'affaires.

Quand vous rencontrez des gens d'affaires, vous devez porter beaucoup d'attention à ce qu'ils vous disent. Ces personnes débordent habituellement de projets qu'ils réaliseront « un jour » ou de problèmes qu'ils ont à régler « pour hier ». Un de ces fameux projets ou un de ces problèmes vous intéressera peut-être et, qui sait, vous pourrez demander l'appui d'une de ces personnes pour réaliser ce projet ou régler le problème.

De plus, en discutant avec elles, vous pourriez découvrir les besoins en produits ou en services de leur entreprise. Il s'agit donc pour vous de poser les bonnes questions et d'être à l'affût des occasions de rencontrer des gens d'affaires.

Encore une fois, si vous êtes étudiant, informez-vous s'il y a un club d'entrepreneurs étudiants dans votre collège ou votre université. Votre participation aux activités d'un tel club vous permettra certainement de rencontrer des gens d'affaires.

Comme vous le voyez, votre environnement immédiat peut vous inspirer un grand nombre d'idées d'affaires. En portant attention aux conversations courantes, aux petits irritants de la vie, aux besoins exprimés par des clients ou votre employeur, et aux discussions avec des gens d'affaires que vous rencontrez, il vous est possible de cerner avec plus de précision ce que vous aimeriez faire en tant qu'entrepreneur.

Ici, il y a une chose importante à retenir. Quand on entend quelqu'un se plaindre, au lieu de compatir (pauvre toi) ou de renchérir (moi, c'est bien pire), demandez-vous si vous pouvez trouver une solution à ce problème et, qui sait, vendre votre solution à toutes les personnes qui vivent la même situation.

Conversation entendue à une table au cours d'un déjeuner à la chambre de commerce :

— Bonjour Jean, comment vas-tu ?

— Très bien ! Et toi, Louise ?

— Bof ! Je m'arrange assez bien, mais j'ai tellement de pain sur la planche que je ne sais plus où donner de la tête.

— Encore dans 20 projets à la fois, je suppose ? Tu ne changeras jamais !

— Écoute donc qui parle ! La dernière fois qu'on s'est vus, tu parlais d'exporter, de lancer une nouvelle gamme de produits, de diversifier tes activités et de quoi encore ?

— OK, je vais mettre le chapeau puisqu'il me fait. Mais raconte-moi donc ce que tu brasses tant ces derniers temps, on ne te voit plus.

— Eh bien, la semaine dernière, j'ai rencontré un de mes plus gros clients ! Il n'est pas satisfait du délai de livraison. La seule solution que j'entrevois est d'avoir mon propre parc de camions. Mais je me demande si l'investissement vaut le coup, car mes autres clients semblent satisfaits.

Par-dessus le marché, j'ai déjeuné avec mon fournisseur d'emballages et il m'a annoncé que, désormais, les éléments de base dont j'ai besoin pour emballer mes produits ne seront plus offerts que dans un seul format. Il m'a dit que le volume que je commandais par année ne justifiait pas pour lui tout le travail que je lui cause. Je devrai donc adapter ou transformer moi-même ces éléments aux dimensions que je veux et engager deux nouveaux employés. Je me demande si le jeu en vaut la chandelle.

Le moment est plutôt mal choisi pour ce genre de décisions. Je suis à la veille de lancer un nouveau produit et tous mes efforts sont consacrés à sa mise en marché. Quelquefois, je me demande si je ne devrais pas vendre une partie de mon exploitation ou trouver un associé. Cela ne t'intéresserait pas, par hasard ?

— ???

Dans la situation décrite dans l'encadré se cachent quelques occasions d'affaires. Lesquelles ?

_____

_____

_____

Quelques indices : un service de livraison, la fabrication d'emballages, etc.

4.2 LA CRÉATIVITÉ : FAIRE DU NEUF AVEC DU VIEUX

Pour aller un peu plus loin dans votre réflexion, voyons des pistes qui pourraient vous permettre d'exploiter votre créativité.

On ne cesse de faire référence au succès des Japonais. Comment ces derniers ont-ils relancé leur économie ? Ils ont acheté des produits américains et ils ont imité, amélioré et modifié leurs composantes jusqu'à obtenir les produits hautement concurrentiels que nous connaissons aujourd'hui. Vous pouvez très bien reprendre cette méthode à votre avantage.

La société BIC est un bel exemple de ce genre d'exercice. Elle a tout simplement imité les stylos à bille et les briquets existant sur le marché. Elle les a « améliorés » en les fabriquant à bas prix, les rendant ainsi jetables. À remarquer qu'aujourd'hui, en raison des préoccupations environnementales, il serait peut-être bon de penser à renverser le processus et de rendre réutilisable tout ce qui est jetable.

Dans le même ordre d'idée, l'évolution de la plume d'oie au stylo à bille et l'invention du porte-mine sont de beaux exemples d'amélioration de produits. Pensons également au biberon Playtex, celui muni d'un sac en plastique : n'est-il pas une simple imitation de la nature humaine ?

Ainsi, on peut trouver de nouvelles solutions pour de vieux problèmes ou appliquer de vieilles solutions à des problèmes nouveaux.

IMITER	MODIFIER	AMÉLIORER

Par exemple, l'augmentation du coût de l'énergie (nouveau problème) a provoqué, dans les années 1970, le retour en force des foyers et des poêles à bois (vieille solution) et de leurs améliorations subséquentes (poêle Franklin, combustion lente, à granules, à grains de maïs, etc.). Ces produits sont encore très en demande. Cependant, à cause du déboisement (nouveau problème), le coût du bois augmente. En même temps, les déchets de toutes sortes prolifèrent et les municipalités paient pour s'en débarrasser. Celui ou celle qui trouverait un moyen d'éliminer ces déchets, sans odeur, sans résidu et sans pollution, ou encore réussirait à trouver une façon d'utiliser ces déchets dans les foyers ou les poêles à bois, verrait sa fortune assurée.

Pour vous aider à imiter, à modifier, à améliorer ou à faire du neuf avec du vieux, il existe des techniques de créativité. Nous vous présentons trois des techniques les plus faciles à utiliser.

4.2.1 Le remue-méninges

Mieux connu sous le terme de *brainstorming*, le remue-méninges est sans doute la technique de créativité la plus utilisée. Mais pour l'employer correctement, il faut respecter certaines règles de base :

1. La planification a toujours sa place ;

2. Il y a plus d'idées dans plusieurs têtes que dans une seule ;

3. Un esprit reposé est plus productif ;

4. Les mots négatifs sont tabous ;

5. L'imagination est reine ;

6. Les écrits demeurent, alors que les paroles s'envolent ;

7. La persévérance est gage de succès.

Le remue-méninges se pratique en groupe, comme la majorité des techniques de créativité. Il est recommandé de former un groupe d'au moins 3 personnes, afin de créer beaucoup d'idées, et d'au plus 15 personnes, afin que l'animateur puisse maîtriser le déroulement de l'exercice et que tous les participants aient la chance de parler. Il faut également prévoir une séance d'une durée de une à trois heures, une heure étant le minimum afin, encore une fois, d'obtenir suffisamment d'idées, et trois heures étant le maximum afin que tous demeurent alertes et créatifs.

Au moment de la séance, l'animateur doit d'abord s'assurer que tous ont compris l'objectif de l'exercice et qu'ils sont prêts à commencer.

La technique du remue-méninges consiste à émettre le plus d'idées possible dans le temps alloué. Ensuite, seulement, on fait un tri dans ces idées pour ne conserver que celles qui semblent les meilleures. Pour démarrer une séance, l'animateur peut lancer la première idée, donner un qualificatif à explorer, une phrase à compléter, une question, etc. Si, au cours de la séance, le rythme ralentit, l'animateur doit relancer la discussion.

> L'histoire veut que le slogan publicitaire « Je pense à Simpson ! » provienne d'une séance de remue-méninges. Voyant l'un des participants perdu dans ses pensées, l'animateur lui aurait demandé : « À quoi penses-tu ? » Vous connaissez la réponse.

Il vous est relativement aisé d'utiliser cette technique pour trouver votre idée d'entreprise. Réunissez un petit groupe d'amis ou votre famille, et posez un problème ou une question. Par exemple :

• Qu'est-ce qui manque dans notre ville pour attirer les touristes ?

- Qu'est-ce qui manque dans notre ville comme magasin ?
- Pourquoi les gens ne vont-ils plus au centre-ville ?
- Qu'est-ce qui pourrait remplacer tel ou tel appareil ?
- Comment pourrions-nous gagner du temps ?
- Qu'est-ce qui « stresse » les gens aujourd'hui ?
- Pour s'amuser, les retraités pourraient...

4.2.2 Le concassage

La technique du concassage consiste à défaire un objet et à le refaire en mieux. Les ingénieurs et les entreprises utilisent depuis longtemps cette technique qu'ils nomment le *benchmarking*. Ils poussent cette technique à fond en défaisant, puis en remontant le produit étudié. Au cours de cette opération, ils analysent chacune des composantes et posent la question : « Comment pourrions-nous l'améliorer ? »

Cette technique peut être utilisée par une personne seule, mais, comme le remue-méninges, le concassage est plus efficace en groupe. Elle répond aussi aux mêmes principes de base. Vous aurez avantage à utiliser cette technique si votre idée de base repose sur un produit que vous trouvez mal adapté ou susceptible d'amélioration.

Prenons l'exemple d'un appareil électroménager qui nous est familier à tous, l'aspirateur. En utilisant la technique du concassage, il est possible d'améliorer tout aspirateur, y compris le vôtre.

Premièrement, définissons un aspirateur selon ses principales composantes physiques :

- fil d'alimentation électrique ;
- brosses variées ;
- tube d'aspiration ;

- sac à poussière ;
- moteur et porte-sac à poussière.

Deuxièmement, définissons l'aspirateur d'après ses principales fonctions :

- ramasser la poussière et autres petits dégâts secs ;
- ramasser les petits déversements de liquide.

Troisièmement, définissons l'aspirateur d'après ses principales méthodes d'utilisation :

- debout en le poussant ou en le tirant ;
- assis en le poussant ou en le tirant (les gens en fauteuil roulant).

Quatrièmement, définissons-le par catégorie d'utilisateurs :

- adulte ;
- personne âgée ;
- enfant et adolescent ;
- personne faible ou très forte ;
- personne handicapée.

Cinquièmement, allons chercher dans le placard notre propre aspirateur. (Allez le chercher, ne soyez pas timide !) Comparons-le aux différentes définitions que nous venons de donner. Énumérons tous les éléments qui ne répondent pas à une utilisation facile et essayons de trouver des solutions pour rendre l'aspirateur accessible à tous les utilisateurs, en remplissant toutes les fonctions mentionnées, en étant écologique, etc.

Voyons ce que nous avons trouvé :

- fil électrique qui traîne partout et qui se coince dans les roues ou le moteur du balai à tapis ;
- roues qui ne roulent pas de façon uniforme ;

- tube d'aspirateur rigide ou pas assez souple ;
- poids élevé du moteur et du sac à poussière combinés ;
- moteur et sac à poussière qui s'accrochent dans les meubles ;
- changement de brosses à chaque changement de surface à nettoyer ; etc.

Il y a toujours place pour l'amélioration, n'est-ce pas ? Croyez-le ou non, les fabricants d'aspirateurs cherchent tous à produire l'aspirateur parfait depuis de nombreuses années. Peut-être y arriverez-vous ?

Avez-vous pensé à faire porter le moteur et le sac à poussière sur le dos de l'utilisateur ou sur l'arrière d'un fauteuil roulant, à une brosse pour toutes les surfaces, à des roues sur joint universel, à des tubes d'aspirateurs rigides à hauteur réglable pour faciliter l'utilisation par les enfants et les petites personnes ?

4.2.3 La technique du Club Med

Le succès des Clubs Med s'explique en partie par le soin que les organisateurs portent aux activités offertes à la clientèle. Chaque saison, avant d'accueillir de nouveaux groupes et avant d'offrir de nouvelles activités, les dirigeants et les animateurs se rencontrent pour déterminer tout ce qui risque de faire défaut.

Par exemple, si le Club Med offre de la plongée sous-marine, ils se demandent : Quel malheur pourrait-il arriver à quelqu'un qui fait de la plongée ? Il peut se couper sur un corail, attraper un coup de soleil, être atteint d'une crise de claustrophobie, être allergique à l'eau de mer, etc. Avec cette information en main, ils planifient les activités, prévoient l'équipement nécessaire et s'assurent que toutes les éventualités ont été envisagées.

Vous pouvez faire la même chose pour découvrir une occasion d'affaires ou pour améliorer une idée que vous avez déjà. Comme pour les deux techniques précédentes, le travail de groupe est fortement suggéré pour de meilleurs résultats.

Invitez quelques amis et demandez-leur ce qui peut aller mal :
• en raison des nouvelles technologies ;
• quand on utilise les services d'une agence de voyages ;
• quand on va à l'épicerie ;
• pour une personne âgée ;
• pour un camionneur de long parcours ;
• pour une entreprise de services informatiques ;
• pour les touristes qui nous visitent ;
• pour les utilisateurs d'Internet.

Lorsque vous aurez des réponses à ces questions, servez-vous de votre imagination et des techniques du remue-méninges et du concassage pour trouver des solutions aux problèmes que vous aurez repérés avec la technique du Club Med.

Nous venons de voir trois des techniques de créativité les plus utilisées. Il en existe d'autres. Si cela vous intéresse, vous trouverez en librairie nombre d'ouvrages sur le sujet.

4.3 LES DOCUMENTS, LES ORGANISMES ET CERTAINES ACTIVITÉS

Si vous n'avez pas encore trouvé votre occasion d'affaires, il est toujours possible de consulter des organismes et des documents, de chercher dans divers répertoires ou de faire la lecture attentive de magazines et de journaux spécialisés ou non. Cette recherche peut vous aider non seulement à découvrir une idée, mais aussi à préciser le produit ou le service que vous désirez produire ou vendre à l'intérieur d'un secteur d'activité donné. Voyons quelles sont ces sources.

4.3.1 Les médias

La télévision, la radio et les journaux sont des sources étonnamment riches d'information. Si vous faites preuve de curiosité et d'ingéniosité, il vous sera possible de lire entre les lignes pour y tirer des idées originales ou des guides pour votre recherche d'un projet d'entreprise.

TABLEAU 9

LES DOCUMENTS, LES ORGANISMES ET CERTAINES ACTIVITÉS

• Les médias

• Les journaux et les magazines d'affaires

• Les répertoires et les banques de données

• Les brevets d'invention et le site Internet de l'Institut de la propriété intellectuelle du Canada

• Le catalogue *Importations, commerce de marchandises*

• L'Institut de la statistique du Québec et Statistique Canada

• Le Centre de recherche industrielle du Québec et autres centres de recherche

• Les études sectorielles

• Le site Internet Stratégis

• Les professionnels et les organismes à vocation économique

• Les colloques, les foires et les expositions

• Les voyages (réels et virtuels)

Ainsi, dans les émissions de radio ou de télévision et les rubriques de journaux qui donnent de l'information générale ou économique, vous pourrez prendre connaissance des tendances dans l'évolution de la société : les nouvelles modes, les variations dans l'âge de la population, les intentions de développement des gouvernements, les grands projets domiciliaires ou d'implantation d'usine, etc.

Par exemple, après avoir lu l'annonce de la construction d'unités de logement dans un quartier situé loin des services et des commerces existants, vous pouvez envisager d'y installer un dépanneur, une station-service, une garderie, un nettoyeur à sec, etc.

La télévision américaine

Laissez-moi vous entretenir de la télé américaine. Selon moi, les émissions de télévision américaine sont une source inimaginable d'idées d'entreprises et l'endroit par excellence pour dépister les nouvelles tendances de la mode et de la consommation.

Prenez l'émission *Why Did'nt I Think of That?*, au cours de laquelle, durant 30 minutes, six ou huit personnes viennent présenter les produits qu'ils ont inventés. C'est intéressant (et parfois très comique)! Pensez aux émissions de détente (*soap*, séries, miniséries) qui nous sont présentées aux heures de grande écoute et voyez comment elles nous portent à consommer.

Vous souvenez-vous de *Dallas* et de *Dynasty*? À chaque retour à la maison après une dure journée de travail, on se servait un verre dans le bar attenant au salon. Résultat: des milliers de bungalows québécois et américains ont un bar au sous-sol.

Écoutez-vous *All my Children*, *Beverly Hills 90210* et *Melrose Place*? Avez-vous remarqué que les plus grands moments de la vie des personnages se passent au moment où ils sont en petite tenue? Résultat: des dizaines de boutiques de vêtements de nuit ont été ouvertes, tant pour hommes que pour dames.

Que font-ils maintenant dans ces émissions? Quels sont les produits qui seront en demande demain? Pratiquez votre anglais et amusez-vous à déchiffrer les messages de consommation qui nous viennent de nos voisins du Sud!

L'annonce de l'implantation d'une grande entreprise pourrait vous inciter à offrir à celle-ci un produit ou un service (informatique, comptabilité, entretien, cafétéria, fournitures de bureau ou de production, distribution ou transport de ses produits, pièces d'équipement, etc.). Vous pourriez aussi fabriquer un produit avec la matière première ou un produit semi-fini que cette entreprise produira.

On trouve également dans les médias des émissions ou des rubriques spécialisées où l'on peut entendre ou lire des opinions et des témoignages de gens d'affaires. Cette information peut donner des idées d'entreprise.

Dans les médias écrits, surtout, il existe des rubriques « Appels d'offres », « Avis de faillites » et « Occasions d'affaires ». Ces rubriques deviennent une source presque intarissable d'idées. On y trouve des entreprises et des franchises à vendre, des recherches de partenaires d'affaires et de demandes de soumissions pour des produits et des services.

Répondre à un appel d'offre (demande de soumission) est un bon moyen de se lancer en affaires si, naturellement, on en a les moyens techniques et financiers.

Si on a un peu d'argent et beaucoup de détermination, on peut aussi acheter une entreprise qui a fait faillite. Il faut cependant analyser avec rigueur les raisons qui ont pu causer la faillite et être certain de pouvoir faire mieux que le propriétaire précédent, ou de pouvoir régler le problème ayant causé la faillite.

La télévision québécoise offre un grand nombre d'émissions d'information de nature économique ou entrepreneuriale. Par exemple, la série *Les nouveaux entrepreneurs* diffusée sur la télé communautaire et bientôt au Canal Savoir. C'est une émission fort intéressante pour tous les entrepreneurs en devenir.

La rubrique « Occasion d'affaires », dans les journaux, est très intéressante pour trouver une idée. On y trouve un peu de tout : franchises et entreprises à vendre, offres de distribution exclusive, recherche d'investisseurs et de partenaires et, malheureusement, quelques attrape-nigauds. Méfiez-vous des offres de revenus illimités en retour d'investissements minimes. Cependant, certaines de ces offres valent la peine qu'on les examine de plus près, ne serait-ce que pour vous donner des idées.

Si vous avez des doutes sur le sérieux d'une de ces offres, **avant** de vous engager à quoi que ce soit, vérifier la réputation de l'entreprise auprès de l'Office de la protection du consommateur, du Bureau d'éthique commerciale, de la Direction générale de l'industrie et du commerce du ministère du développement économique, de l'innovation et de l'exportation, ou auprès du Registraire des entreprises du

Québec (vous trouverez les coordonnées de ces organismes dans les pages bleues de l'annuaire téléphonique).

4.3.2 Les journaux et les magazines d'affaires

Les journaux et les magazines d'affaires (*Les Affaires, Commerce, PME, Entrepreneur,* etc.) ont également des rubriques sur les occasions d'affaires. De plus, on y trouve des articles sur la réussite de certaines personnes et de certaines entreprises, des analyses de secteurs d'activité, des articles sur les grandes entreprises et leurs perspectives d'évolution, de même que sur les priorités des gouvernements en matière de développement économique. Toute cette information saura sûrement vous donner des idées.

Aujourd'hui, les entrepreneurs potentiels ont accès à une quantité impressionnante d'information écrite qui leur permet de découvrir des occasions d'affaires ou des idées d'entreprise. Les magazines spécialisés sont sans doute la source la plus intéressante. Voici une liste non exhaustive de magazines que l'entrepreneur à la recherche d'une idée d'entreprise devrait consulter régulièrement :

Journal Les Affaires
Affaires Plus
Commerce
Magazine PME
1100, boulevard René-Lévesque Ouest
24e étage
Montréal (Québec) H3B 4X9
Téléphone : (514) 392-9000
Sans frais : 1 800 361-7215
Télécopieur : (514) 392-2039 ou (514) 392-4726
Site Internet : www.lesaffaires.com

Magazine L'autonome
84, Notre-Dame Ouest, bureau 100
Montréal (Québec) H2Y 1S6
Téléphone : (514) 279-8815
Sans frais : 1-877-TRAVAIL
Courriel : info@magazinelautonome.com
Site Internet : www.magazinelautonome.com

Small Business Opportunities
Harris Publications
1115 Broadway, 8th floor
New York, NY 10010
Téléphone : (212) 807-7100
Télécopieur : (212) 627-4678
Site internet : www.sbomag.com

Québec Entreprise
5, Place du Commerce, suite 200
Îles des soeurs (Québec) H3E 1M8
Téléphone : (514) 842-5492
Télécopieur : (514) 842-5375
Courriel : ideland@quebecentreprise.com
Site internet : www.quebecentreprise.com

Québec franchise
1265, rue Berri, bureau 905
Montréal (Québec) H2L 4X4
Téléphone : (514) 383-0034
Télécopieur : (514) 383-0057
Site Internet : www.quebec-franchise.qc.ca

Entrepreneur's
Entrepreneur's Business Start-Ups
Entrepreneur's Home Office et autres
Site Internet : www.entrepreneurs.com

Entreprendre
1600, boulevard Saint-Martin Est
Tour A, bureau 600
Laval (Québec) H7G 4R8
Téléphone : (514) 669-8373
Sans frais : 1 800 479-1777
Télécopieur : (514) 669-9078
Courriel : message@entreprendre.ca
Site Internet : www.entreprendre.ca

De nos jours, les gouvernements et les grandes entreprises mettent l'accent sur la protection de l'environnement, les technologies de pointe, les communications, l'exportation, l'automatisation, le tourisme, la création d'emplois et la gestion de la qualité. Une nouvelle entreprise œuvrant dans l'un ou l'autre de ces secteurs pourra bénéficier d'aide technique (et peut-être financière) des gouvernements et trouver des clients tant dans la grande que dans la petite entreprise.

4.3.3 Les répertoires et les banques de données

Pour une recherche plus systématique, on peut consulter divers répertoires ou des banques de données. Les bibliothèques des universités, des collèges, des organismes gouvernementaux et de certaines municipalités contiennent des répertoires d'une grande utilité pour qui est à la recherche d'une idée d'entreprise. Pour accéder aux banques de données ou pour acheter un de ces répertoires, il y a des frais qui varient de quelques dollars à quelques centaines de dollars. Prenez la peine de vous informer à propos de ces frais. Voici une liste de quelques-uns de ces répertoires.

➡ Les brevets d'invention et le site Internet de l'Institut de la propriété intellectuelle du Canada

En vous rendant à Ottawa ou en consultant la banque de données Internet de l'Institut de la propriété intellectuelle du Canada, vous pouvez faire des recherches dans les archives de la Commission des brevets. Si vous utilisez Internet, vous pouvez également visiter des sites reliés, tel le Bureau des brevets américains.

Dans votre recherche, vous découvrirez des brevets échus ou non commercialisés que vous pourrez vous-même exploiter. Si le brevet n'est pas échu, il vous faudra toutefois demander la permission à son inventeur avant de pouvoir l'exploiter, car l'inventeur est en droit d'exiger une compensation financière.

Institut de la propriété intellectuelle du Canada
60, rue Queen, bureau 606
Ottawa (Ontario) K1P 5Y7
Téléphone : (613) 234-0516
Site Internet : www.ipic.ca
Site Internet du bureau américain des brevets :
www.uspto.gov

➡ Le catalogue *Importations, commerce de marchandises*

Régulièrement, le gouvernement fédéral (Statistique Canada) publie des données sur la valeur des importations canadiennes par produit ainsi que les principaux pays fournisseurs. Une étude de ces données peut permettre de découvrir un produit importé qu'il est possible de produire localement. Il faudra cependant s'assurer que nous pouvons le produire à un coût avantageux pour le marché (www.statcan.ca).

En complément de ces données, on peut obtenir des études plus complètes pour certains produits. Ces études vous permettront, entre autres choses, d'évaluer s'il y a un marché pour le produit qui vous intéresse.

Dans la section suivante, nous vous donnons plus de détails sur Statistique Canada et, un peu plus loin, nous vous parlerons des études sectorielles qui pourront vous aider à compléter votre recherche d'information sur les produits importés qui pourraient être remplacés par une production locale.

Dans l'édition 1997 de ce catalogue (page 1102), on indique que, en 1996, le Canada importait des peintures et des dessins faits entièrement à la main pour une valeur de 42 828 000 $, dont 29 142 000 $ provenaient des États-Unis. Cela ne signifie pas que le Canada ne produit pas de peintures ou de dessins faits à la main, mais cela veut dire que les Canadiens achètent des peintures et des dessins faits à la main importés, notamment des États-Unis. Si vous pensez que ce produit pourrait devenir votre occasion d'affaires, il vous faudra déterminer la possibilité de prendre une partie du marché de ces importations, en plus de celui de la production locale.

Note : Dans l'édition précédente de *Comment trouver son idée d'entreprise*, nous avions indiqué que, en 1991, le Canada importait de telles peintures et de tels dessins pour une valeur de 165 326 000 $, dont 95 776 000 $ des États-Unis. Que s'est-il passé ? Nos lecteurs ont-ils décidé de produire des peintures et des dessins entièrement faits à la main ? Les Canadiens importent-ils moins de ces peintures et de ces dessins ?

➡ L'Institut de la statistique du Québec et Statistique Canada

Tous les cinq ans, les Publications du Québec publient un recueil des principales statistiques qui décrivent le Québec. On y trouve des renseignements qui portent sur les revenus et les dépenses des ménages, sur la démographie, sur le secteur manufacturier, sur les loisirs, sur la culture, etc. Des renseignements plus détaillés sont accessibles auprès de l'Institut de la statistique du Québec, de Statistique Canada ou des ministères concernés.

Institut de la statistique du Québec
Centre d'information et de documentation
200, chemin Sainte-Foy, 3ᵉ étage
Québec (Québec) G1R 5T4
Téléphone : (418) 691-2401
Sans frais : 1 800 463-4090
Télécopieur : (418) 643-4129
Site Internet : www.stat.gouv.qc.ca

Chaque année, Statistique Canada publie le *Recueil des études de marché* et, d'une façon régulière, elle compile les dépenses des ménages canadiens pour l'ensemble des produits et services de consommation. Ces renseignements sont accessibles par le biais du service à la clientèle de Statistique Canada. Par exemple, au coût de 150 $ minimum, vous pouvez obtenir un ensemble de données sur les dépenses et la composition des ménages dans votre municipalité. Voilà un outil indispensable non seulement pour vous aider à trouver une idée d'entreprise, mais aussi pour en évaluer le marché.

Statistique Canada
Services-conseils
200, boulevard René-Lévesque Ouest,
4ᵉ étage, tour Est
Montréal (Québec) H2Z 1X4
Téléphone : (514) 283-5725
Sans frais : 1 800 263-1136
Courriel : info@statcan.ca
Site Internet : www.statcan.ca

De nombreuses autres données sont offertes par Statistique Canada. Une recherche sur place, au complexe Guy-Favreau, vaut le déplacement. L'information y est facile d'accès et vous pouvez photocopier les pages qui vous intéressent au coût de 0,25 $ la page. Voyons quelques exemples de données que nous pouvons y recueillir.

Pour illustrer le principe du changement, nous mettrons en relation les données publiées dans la deuxième édition de cet ouvrage avec celles que nous avons recueillies tout récemment. Malheureusement, certaines des données n'étaient plus compilées, comme le pourcentage de ménages ayant la télévision payante, alors que d'autres ont été ajoutées, comme le pourcentage de ménages ayant un téléphone cellulaire, un modem et un accès Internet.

Plaçons-nous dans la situation d'un détaillant en équipement informatique qui aurait ces tableaux en main.

TABLEAU 10-A

MÉNAGES POSSÉDANT DES APPAREILS DE COMMUNICATION, SELON LE TYPE ET LE NOMBRE D'APPAREILS

Québec, Ontario et Canada, 1986-1987

ÉQUIPEMENT	MÉNAGES QUÉBEC		ONTARIO		CANADA	
	,000	%	,000	%	,000	%
Ensemble des ménages	2 530	100,0	3 541	100,0	9 566	100,0
Récepteurs radio MF	2 459	97,2	3 304	95,7	9 134	95,6
Un récepteur	835	33,0	834	24,2	2 583	27,0
Deux récepteurs	836	33,0	933	27,0	2 821	29,5
Trois récepteurs ou plus	788	31,1	1 536	44,5	3 731	39,0
Téléviseurs couleur	2 390	94,5	3 273	94,8	9 020	94,4
Un téléviseur	1 676	66,2	2 282	66,1	6 374	66,7
Deux téléviseurs	715	28,3	992	28,7	2 847	29,8
Télédistribution	1 456	57,5	2 513	72,8	6 424	67,2
Télévision payante	179	7,3	440	13,1	895	9,6
Magnétoscopes	1 103	43,6	1 588	46,0	4 296	45,0
Téléphones	2 491	98,5	3 418	99,0	9 409	98,5
Un téléphone	1 156	45,7	1 297	37,6	3 973	41,6
Deux téléphones	860	34,0	1 243	36,0	3 348	35,0
Trois téléphones ou plus	474	18,7	878	25,4	2 088	21,9
Ordinateurs domestiques	213	8,7	388	11,5	962	10,3

Source : Statistique Canada, L'équipement ménager (64-202), tiré de *Le Québec statistique*, 1989, p. 668.

TABLEAU 10-B

MÉNAGES POSSÉDANT DES APPAREILS DE COMMUNICATION, SELON LE TYPE ET LE NOMBRE D'APPAREILS

Québec, Ontario et Canada, 1996-1997

ÉQUIPEMENT	MÉNAGES QUÉBEC		ONTARIO		CANADA	
	000	%	000	%	000	%
Ensemble des ménages	3 062	100,0	4 227	100,0	11 580	100,0
Récepteurs radio MF	3 031	99,0	4 155	98,3	11 429	98,7
Un récepteur	729	23,8	676	16,0	2 038	17,6
Deux récepteurs	854	27,9	998	23,6	2 918	25,2
Trois récepteurs ou plus	1 448	47,3	2481	58,7	6 473	55,9
Téléviseurs couleur	3 040	99,3	4 180	98,9	11 429	98,7
Un téléviseur	1 491	48,7	1 932	45,7	5 419	46,8
Deux téléviseurs ou plus	1549	50,6	2 248	53,3	6 010	51,9
Télédistribution	2 030	66,3	3 310	78,3	8 534	73,7
Caméscopes	423	13,8	837	19,8	2 050	17,7
Magnétoscopes	2 462	80,4	3 656	86,5	9 080	84,7
Téléphones	3 028	98,9	4180	98,9	11 418	98,6
Un téléphone	857	28,0	947	22,4	2 791	24,1
Deux téléphones	1 200	39,2	1 471	34,8	4 308	37,2
Trois téléphones ou plus	971	31,7	1 763	41,7	4 319	37,3
Téléphones cellulaires	300	9,8	934	22,1	2 154	18,6
Ordinateurs domestiques	848	27,7	1 720	40,7	4 169	36,0
Modem	456	14,9	1 057	25,0	2 490	21,5
Internet	392	8,2	663	15,3	1 679	13,0

Source : Statistique Canada, L'équipement ménager, cat. nº 64-202-XPB, tableau 1, p. 16 et 17, 1997.

À la lecture des tableaux 10-A et 10-B, notre détaillant remarquerait que, en 1986, seulement 8,7 % des ménages québécois possédaient un ordinateur personnel alors que, en 1996, ce pourcentage avait augmenté à 27,7 %. En 1986, le marché potentiel pour les détaillants d'ordinateurs était de 91,3 % ; il a diminué à 72,3 %, mais il représente encore une très intéressante occasion d'affaires. (Amusez-vous à faire le même exercice pour les magnétoscopes, les téléphones, l'accès Internet, etc.)

En poussant plus loin sa recherche, ce détaillant d'ordinateurs découvrirait que dans l'industrie des services informatiques, les choses changent rapidement. Il regarderait attentivement les deux tableaux suivants.

TABLEAU 11-A

RECETTES DE L'INDUSTRIE DES SERVICES INFORMATIQUES SELON LE GENRE DE SERVICES

Québec, Ontario et Canada, 1987

GENRE DE SERVICES	QUÉBEC 000	%	ONTARIO 000	%	CANADA 000	%
Production de logiciels	43	7,2	147	9,0	224	7,9
Services professionnels	193	32,0	466	28,5	784	27,5
Systèmes « clé en main »	36	6,0	51	3,1	110	3,9
Services de traitement	172	28,6	412	25,2	921	32,3
Vente de matériel	81	13,4	235	14,3	357	12,5
Location de matériel	21	3,5	194	11,8	222	7,8
Entretien et réparation de matériel	21	3,5	19	1,2	41	1,4
Autres recettes d'exploitation	24	4,0	88	5,4	147	5,2
Autres recettes	10	1,6	24	1,5	46	1,6
Total	602	100,0	163	100,0	2 852	100,0

Source : Statistique Canada, Industrie des services informatiques (63-227), tiré de *Le Québec statistique*, 1989, p. 733.

TABLEAU 11-B

RECETTES DE L'INDUSTRIE DES SERVICES INFORMATIQUES SELON LE GENRE DE SERVICES

Québec, Ontario et Canada, 1996

GENRE DE SERVICES	QUÉBEC 000	%	ONTARIO 000	%	CANADA 000	%
Production de logiciels	350	18,1	1 148	17,1	1 887	16,7
Services professionnels	601	31,1	2 351	35,1	4 049	56,5
Services de traitement	336	17,4	1 398	20,9	2 247	19,9
Vente de matériel	234	12,1	604	9,0	1 043	5,3
Location de matériel	33	1,7	388	5,8	434	0,5
Entretien et réparation de matériel	203	10,5	232	3,5	497	3,3
Autres recettes d'exploitation	146	7,5	508	7,6	759	2,9
Autres recettes	32	1,7	73	1,1	128	0,9
Total	1 935	100,0	6 700	100,0	11 045	100,0

Source : Statistique Canada, Industrie de la production de logiciels et des services informatiques (63-222-XPB).

Le détaillant en question remarquerait que, en 1986, au Québec, il y avait 1 059 entreprises qui se partageaient les 602 millions de dollars de recettes totales de l'industrie. Il verrait que, en 1996, ce nombre avait augmenté à 2 841 entreprises pour des recettes de près de 2 milliards de dollars. Les ventes ont donc augmenté 3,3 fois depuis 1986. Quel beau marché ! Cependant, il va également remarquer que le pourcentage des recettes provenant de la vente de matériel s'est stabilisé autour de 12 % des recettes totales. Par contre, en chiffres absolus, les recettes provenant de ces ventes ont passé, au Québec, de 81 à 234 millions de dollars, soit 2,8 fois plus en 10 ans.

Si, comme nous, en 1993, il avait fait cette analyse, il aurait conclu que les recettes avaient doublé de 1982 à 1986 et que, par conséquent, les recettes devraient aussi doublé entre 1986 et 1990, puis encore entre

1990 et 1994, le nombre de concurrents suivant la même courbe de croissance. Il aurait eu partiellement raison.

En examinant les données des deux tableaux précédents (de 1986 à 1996), on voit que les recettes n'ont pas quadruplé... mais presque (3,3 fois), non plus que le nombre de concurrents (2,7 fois plus).

Afin de déterminer la véritable envergure du marché, ce détaillant devra vérifier le revenu moyen des ménages qui possèdent un tel appareil et vérifier le nombre de ménages québécois qui ont ce revenu moyen. Il devra aussi mettre ces données en comparaison avec les caractéristiques des ménages dans le secteur géographique où il exploite son entreprise. Ces renseignements lui permettraient alors de déterminer le véritable marché potentiel.

L'Institut de la statistique du Québec et Statistique Canada publient de nombreux autres documents qui vous permettent de faire ce genre de compilation. N'hésitez pas à les consulter.

➡ Le Centre de recherche industrielle du Québec

Tous les ans, le Centre de recherche industrielle du Québec (CRIQ) publie le *Répertoire des produits disponibles au Québec*. On trouve dans ce document présenté en plusieurs volumes et offert en version papier ou en version cédérom, notamment dans les bibliothèques des collèges ou des universités :

• la liste des organismes de promotion industrielle

• un index alphabétique des produits et des activités de sous-traitance

• les produits fabriqués, les produits distribués et les activités de sous-traitance par groupes industriels et commerciaux

• les entreprises de services

• un glossaire anglais-français

• un index géographique des entreprises

- les fabricants par ordre alphabétique

- une description des services du CRIQ

- les grossistes et les distributeurs par ordre alphabétique

Ce document nous permet donc de repérer rapidement les produits et les services offerts sur le marché québécois. Plus tard, dans la rédaction de votre plan d'affaires, ce document vous sera très utile afin de reconnaître vos propres fournisseurs, voire vos concurrents.

CRIQ
333, rue Franquet
Québec (Québec) G1P 4C7
Téléphone : (418) 659-1550
Sans frais : 1 800 667-2386
Site Internet : www.criq.qc.ca

CRIQ
8475, avenue Christophe-Colomb
Montréal (Québec) H2M 2N9
Téléphone : (514) 383-1550
Sans frais : 1 800 667-4750

➡ Quelques autres centres de recherche

Vous pouvez avoir accès à bon nombre d'autres centres de recherche, selon le secteur d'activité qui vous intéresse. Pour n'en nommer que quelques-uns :

- Centre de recherche informatique de Montréal (www.crim.ca)

- Conseil de la science et de la technologie (www.cst.gouv.qc.ca/cst)

- Centre d'expérimentation et de développement des technologies multimédia (www.echo.uqam.ca)

- Centre national de recherche du Canada (www.nrc.ca)

En visitant le portail « entreprise » du gouvernement du Québec, vous pouvez trouver la liste des centres de recherche et obtenir de nombreux renseignements essentiels à votre recherche d'une idée d'entreprise et au démarrage de votre projet d'affaires.

Site Internet du portail « entreprise » du gouvernement du Québec : www.gouv.qc.ca (cliquez sur l'onglet « entreprise »)

Bien qu'il ne s'agisse pas d'un centre de recherche ni d'une banque de données, le site Internet des Pages jaunes peut vous aider à trouver une idée d'entreprise en regardant tous les types d'entreprises qui y sont enregistrées. Vous serez surpris des catégories d'entreprises inscrites que nous n'avons pas ici, au Québec.

Site Internet des Pages jaunes :
www.pagesjaunes.ca

➡ Les études sectorielles

Certains organismes de développement économique possèdent des études sectorielles. Il s'agit, en général, du profil d'un secteur d'activité qui donne les grandes tendances du marché, les produits, les forces et les faiblesses du secteur, de même que ses perspectives d'évolution. Pour tirer le maximum de ces études, il est préférable d'avoir une bonne idée du secteur d'activité qui nous intéresse.

La source reconnue de ces études (et de d'autres informations économiques et régionales) est le site Internet du ministère du développement économique, de l'innovation et de l'exportation du Québec (www.mdeie.gouv.qc.ca) qui vous permet de trouver des documents comme :

- Comment négocier en Amérique latine

- Commerce (gros et détail) : quincailleries, articles de loisirs, chaussures, etc.

- Outil de gestion : analyse d'états financiers, embauche d'un directeur des ventes, marketing, etc.

- Profils régionaux (toutes les régions du Québec)

Une autre source d'études sectorielles est le site de Développement économique Canada pour les régions — Québec, dont vous pouvez visiter le site Internet : www.dec.ced.gc.ca, de même que celui du Centre des services aux entreprises du Canada à l'adresse : www.cbsc.org

Vous pouvez également communiquer avec Info-entrepreneurs, l'antenne québécoise de Développement économique Canada au Québec. Outre des renseignements sur les régions et des données sectorielles, vous y trouverez des renseignements sur les programme d'aide aux entreprises, ce qui pourra vous être très utile pour la suite de vos démarches entrepreneuriales.

Info-entrepreneur
300 St-Antoine Ouest, bureau 6000
Montréal (Québec) H2Y 3X7
Téléphone : (514) 496-4636
Sans frais : 1 800 322-4636
Télécopieur : (514) 496-5934
Site Internet : www.infoentrepreneurs.org

➡ Le site Internet Stratégis

Stratégis est le site Internet par excellence pour ceux et celles qui sont à la recherche d'une occasion d'affaires et d'information sur les marchés internationaux. Vous pourrez y trouver des appels d'offres provenant de nombreux pays, des propositions d'affaires, telles la fabrication sous licence ou la distribution de produits, des liens avec d'autres sites d'intérêt, de l'information sur les importations et les exportations et, enfin, des analyses de marché sur différents pays et produits.

 Site Internet Stratégis : www.strategis.ic.gc.ca

4.3.4 Les professionnels et les organismes à vocation économique

Tant dans votre recherche d'une idée d'entreprise que pour vous aider à la réaliser, vous pouvez consulter les personnes-ressources des organismes à vocation économique et les professionnels qui travaillent de près avec des gens d'affaires.

➡ **Les professionnels**

Parmi les professionnels, mentionnons les comptables, les notaires, les avocats, les syndics, les directeurs de banque, les gérants de caisse populaire et les consultants en gestion. Ces personnes sont les mieux placées pour vous faire rencontrer des gens d'affaires qui veulent vendre leur entreprise en tout ou en partie ou qui cherchent quelqu'un pour investir avec eux dans une entreprise. Pour bénéficier de leur expertise en ce domaine, vous n'avez qu'à prendre rendez-vous, après vous être informé de leurs honoraires, le cas échéant.

➡ **Les organismes à vocation économique**

Les personnes-ressources des organismes à vocation économique peuvent vous rendre le même genre de services que les professionnels, de même qu'elles peuvent vous permettre de consulter leur centre de documentation. Pour trouver les coordonnées de ces organismes dans votre région, nous vous recommandons de communiquer avec Communication Québec dont vous trouverez le numéro de téléphone dans les pages bleues de l'annuaire téléphonique.

Dans certaines régions ou municipalités, ces organismes ont déjà répertorié les commerces, les services ou les industries qui pourraient venir combler un besoin chez eux.

Depuis le 1er avril 1998, la majorité des organismes de développement économique œuvrant à l'échelle locale sont regroupés dans les CLD ou Centre local de développement. Vous y trouverez des services pour les jeunes entrepreneurs, les agriculteurs, les manufacturiers, les exportateurs, les coopératives, etc. S'ils ne sont pas regroupés au CLD, les personnes-ressources de cet organisme sauront vous les désigner. Ces CLD représentent maintenant la porte d'entrée de tout entrepreneur. Chaque CLD couvre le territoire d'une municipalité régionale de comté (MRC). Pour connaître le CLD qui couvre votre localité, vérifiez auprès de votre MRC.

D'autres organismes œuvrent près de vous. Mentionnons la Banque de développement du Canada, Développement économique Canada pour les régions, le ministère du développement économique, de l'innovation et de l'exportation, et les différents incubateurs, centres de recherche ou centres d'entrepreneuriat régionaux. Nous vous recommandons cependant de commencer vos démarches par le CLD qui, ensuite, pourra vous référer à l'organisme qui répond le mieux à vos besoins.

4.3.5 Les colloques, les foires et les expositions

Une autre façon de chercher une idée d'entreprise est de participer à des colloques et de visiter les foires et les expositions commerciales ou industrielles.

Certains de ces événements se déroulent dans les régions, d'autres ont lieu dans les grands centres (Montréal ou Toronto) ; certains sont ouverts au grand public, d'autres encore sont réservés à une clientèle cible de propriétaires d'entreprises ou d'acheteurs. Vous pouvez obtenir de l'information sur les salons, les foires et les colloques par le biais du portail « entreprise » du gouvernement du Québec dont nous avons déjà parlé.

Quoi qu'il en soit, à ces occasions, vous pourrez, entre autres :

• voir de nouveaux produits et services ;
• découvrir ce qui intéresse les gens ;
• prendre connaissance des nouveaux modes de communication et des dernières découvertes dans le secteur ;
• assister à des conférences sur des sujets variés ;
• recruter des clients ;
• connaître les produits de vos concurrents ;
• découvrir l'équipement et la machinerie nécessaires à votre projet ;
• rencontrer des gens d'affaires qui débordent d'idées.

Un type de salon fort intéressant pour quelqu'un à la recherche d'une idée d'entreprise est le salon de type inversé. Dans ce genre d'événement (souvent nommé salon de la sous-traitance ou foire inversée), ce sont les acheteurs des entreprises qui exposent les produits ou les services qu'ils voudraient se procurer, contrairement aux salons habituels où ce sont les vendeurs qui exposent leurs produits. Soyez à l'affût de tels événements.

4.3.6 Les voyages : réels et virtuels

On dit que les voyages forment la jeunesse. Ils sont également une excellente source d'idées pour qui est à la recherche d'un projet d'entreprise. Il s'agit de joindre l'utile à l'agréable et de faire preuve de curiosité et d'imagination.

À l'étranger, particulièrement, on peut voir des produits ou des services qu'on ne trouve pas chez soi et qui pourraient être importés, fabriqués sous licence, modifiés pour répondre à nos besoins, ou imités (s'ils ne sont pas protégés).

QUELQUES EXEMPLES DE PRODUITS QUI NOUS VIENNENT D'AILLEURS

La bière sans alcool

La balle AKI

Le sushi

Les plats mexicains

En voyageant, lorsque vous voyez quelque chose de nouveau, demandez-vous si ce produit ou ce service aurait du succès chez vous. Examinez l'étiquette pour connaître qui fabrique le produit, renseignez-vous auprès du marchand et achetez le produit. Posez toutes les questions qui vous viendront à l'esprit et, à votre retour, consultez votre CLD pour vous aider à poursuivre vos démarches.

Si vous n'avez pas l'occasion de voyager, des discussions avec des personnes qui ont cette habitude peuvent vous permettre d'atteindre sensiblement les mêmes résultats. Des voyages virtuels sur Internet peuvent aussi vous permettent de découvrir ce qui se fait autre part. Gardez cependant à l'esprit que certains produits, propres à une culture, peuvent être difficiles à vendre ailleurs que dans leur région d'origine. Pensez à la ceinture fléchée, typiquement québécoise.

EN RÉSUMÉ

L'idée d'entreprise est souvent la résultante d'une recherche approfondie ; elle provient aussi, parfois, d'un éclair de génie. Elle est cependant toujours le résultat de la volonté de reconnaître les occasions d'affaires qui se présentent.

Nous avons fait quelques recherches pour vous et nous avons trouvé des idées d'entreprises dans différents secteurs d'activité. Nous vous les présentons dans le prochain chapitre.

5 > Des idées d'entreprise

Nous avons lu, feuilleté et analysé nombre de documents afin de chercher des idées d'entreprise qui peuvent être lancées avec des moyens limités. Les sommes que nous mentionnons comme étant les investissements requis pour démarrer ces entreprises sont des estimations et, selon l'actif que vous possédez déjà, si vous suivez les conseils que nous vous donnons dans le chapitre 8, vous pourrez créer ces entreprises à coût moindre.

Vous trouverez, dans la bibliographie et dans le chapitre précédent, les coordonnées et les titres des publications ainsi que sites Internet que nous avons consultés. Nous vous encourageons à nous imiter, car vous pourriez découvrir des occasions d'affaires que nous n'avons pas perçues.

5.1 L'IMPORTATION ET L'EXPORTATION

Le plus gros investissement que vous pouvez éventuellement devoir faire réside dans les voyages (entre 15 000 $ et 25 000 $) que vous ferez à l'étranger afin de découvrir les produits que vous pourriez importer ou les marchés auprès desquels vous pourriez exporter des produits canadiens. Par la suite, vous devrez chercher quelles sont les entreprises qui pourront distribuer pour vous, ici ou à l'étranger.

La première étape à réaliser pour se lancer dans ce type d'entreprise est de vous informer auprès des ministères des Affaires internationales, du Commerce extérieur et des Douanes et Accises Canada afin de connaître tous les règlements et toutes les lois qui régissent le commerce avec l'étranger. Vous vous devez, cependant, d'avoir un talent particulier pour remplir les formulaires et les documents produits par les gouvernements; vous devez également être bilingue et, préférablement, trilingue (français, anglais et une autre langue selon le ou les marchés que vous voulez atteindre).

Nous vous suggérons un créneau d'importation intéressant : l'importation de « gadgets » qu'on trouve dans les boutiques de souvenirs, les dépanneurs, les magasins à escompte, etc. Et comme créneau d'exportation intéressant, nous pensons aux spécialités québécoises telles que le sirop d'érable, la tarte aux bleuets du lac Saint-Jean, la chanson québécoise et autres spécialités régionales.

5.2 LA PROMOTION ET L'ORGANISATION D'ATELIERS ET DE SÉMINAIRES

Si vous avez une expertise particulière (comptabilité, démarrage d'entreprise, santé, Internet, dessin, etc.), il vous est possible d'organiser des séminaires ou des ateliers afin de diffuser vos connaissances auprès de la population (entre 2 000 $ et 5 000 $ d'investissement, surtout pour les documents et la publicité). Préparez vos documents de présentation, réservez une salle et annoncez l'événement par le biais de circulaires, dans les journaux ou à l'aide d'une liste d'envois postaux. Il ne vous reste qu'à empocher les profits à la porte d'entrée.

5.3 LES COURTIERS EN INFORMATION

Après vous être abonné à Internet et à une ou plusieurs bases de données (entre 50 $ et 200 $ par mois, plus le tarif d'utilisation à la minute), vous pouvez vendre l'information que vous trouverez à des entreprises, à des firmes d'avocats ou d'ingénieurs, à des professeurs, etc., pour un taux horaire de 40 $ à 150 $ l'heure. Un ordinateur, une imprimante et un modem avec un accès Internet sont essentiels à la réussite d'une telle entreprise (investissement entre 8 000 $ et 20 000 $).

5.4 L'ÉDITION ÉLECTRONIQUE

Avec un ordinateur, un *scanner,* une imprimante laser couleur et un bon logiciel de mise en pages, vous pouvez offrir vos services aux entreprises pour la réalisation de rapports, de cahiers de presse, de journaux internes, de catalogues, etc. Vous facturez à la page ou à l'heure, selon les prix en vigueur dans votre région. L'investissement initial varie entre 15 000 $ et 30 000 $, et sert surtout à couvrir l'achat de l'équipement et des logiciels.

5.5 LA VENTE PAR CATALOGUE

Selon les experts, les ventes par catalogue augmentent de 12 % à 15 % par année. On peut vendre de tout par catalogue si la présentation est invitante. Vous pouvez produire votre propre catalogue (papier ou virtuel), vous inscrire dans un catalogue existant ou annoncer vos produits dans les journaux ou les magazines spécialisés (investissement minimal entre 15 000 $ et 20 000 $).

5.6 LA PLANIFICATION ET L'ORGANISATION DE FÊTES

Au moyen d'un téléphone et d'un traitement de texte seulement, vous pouvez mettre à profit votre imagination et votre talent d'organisateur de fêtes. Vous pouvez organiser des fêtes d'enfants, des fêtes d'anniversaire de mariage, des *parties* de bureau, des assemblées annuelles d'actionnaires, des conférences de presse, des ouvertures officielles, des collectes de fonds, etc. En disposant de quelque 5 000 $, vous pouvez annoncer votre service et vous mettre à la tâche. La satisfaction de vos clients sera votre meilleur outil promotionnel.

5.7 LES PANIERS-CADEAUX

Si vous avez un talent pour l'emballage et la présentation, vous pouvez préparer des paniers-cadeaux et les vendre, soit par catalogue, soit par l'entremise des entreprises spécialisées, soit en ouvrant votre propre boutique. Ces paniers peuvent être composés de jouets, d'aliments, de produits de beauté, ou être destinés à des périodes de l'année (Noël, Pâques, fête des Mères, Saint-Valentin, etc.). Pour débuter, il vous faut des paniers, des rubans, des boîtes et des papiers d'emballage pour le transport, un matériau de remplissage et des fournisseurs de produits. Il faut aussi de l'imagination et quelque 15 000 $. (Depuis la parution de la deuxième édition de ce livre, nous avons personnellement eu vent de l'ouverture de telles entreprises à Chicoutimi, à Sherbrooke et à Drummondville. Nous avons aussi vu, dans l'annuaire téléphonique de Toronto, un grand nombre d'entreprises qui offrent des paniers-cadeaux.)

5.8 LA VÉRIFICATION DES FACTURES DES SERVICES PUBLICS

Les entreprises dépensent des sommes énormes en télécommunication, électricité et gaz. Souvent, elles n'ont ni les ressources ni le temps de vérifier l'exactitude de toutes ces factures. Offrez-leur de le faire à leur place et elles seront sûrement intéressées à partager avec vous l'économie ainsi réalisée. Un appareil téléphonique et vous êtes en affaires (investissement entre 1 000 $ et 5 000 $).

5.9 METTEZ VOTRE ORDINATEUR PERSONNEL À PROFIT

De nombreux services sont possibles à offrir si vous possédez un ordinateur personnel (entre 7 000 $ et 15 000 $ d'investissement) ; en voici quelques-uns :

• traitement de texte (travaux d'étudiants, lettres, curriculum vitæ) ;

- tenue de livres pour les petites entreprises ;

- rédaction et impression de livres personnalisés pour les enfants, les mettant en vedette, eux, leur famille et, pourquoi pas, leurs animaux favoris (imprimante couleur requise) ;

- conception et impression de cartes de souhaits personnalisées ;

- banque de données et cartes d'identité personnalisées pour enfants comportant photo, âge, adresse, noms des parents, numéro de téléphone en cas d'urgence, soins médicaux particuliers ;

- service de facturation et de recouvrement de comptes pour les petites entreprises.

5.10 UN ACTIF INUTILISÉ ?

Vous possédez un terrain ? Vous pouvez y installer un champ de pratique pour le golf, un marché aux puces estival ou un camping pour les motorisés (entre 20 000 $ et 100 000 $).

Vous êtes propriétaire d'une bâtisse dans un secteur commercial ? Ouvrez un centre d'affaires où les nouvelles entreprises ou les travailleurs autonomes pourront bénéficier de services communs (secrétariat, photocopie, système téléphonique, salle de conférences, etc.), d'un bureau ou d'espace à leur mesure en retour d'un versement mensuel établi au mètre carré, majoré du coût des services communs. Un investissement entre 25 000 $ et 100 000 $ pour la rénovation, l'achat de l'équipement et le fonds de roulement des premiers mois d'exploitation.

Vous avez un bateau ? Offrez des balades privées sur le fleuve ou sur une rivière (entre 2 000 $ et 10 000 $).

Vous possédez un garage ? Transformez-le en une garderie pour animaux, un atelier de réparation, un commerce à la maison (achat, vente, échange « neuf et d'occasion ») ou des ventes-débarras pour le voisinage (entre 1 000 $ et 10 000 $).

Vous avez un sous-sol ? Lancez une garderie de quartier, un centre de gym pour enfants, un bureau de professionnel (investissement requis entre 2 000 $ et 10 000 $).

Vous êtes propriétaire d'une ferme ? Pensez à des possibilités telles que des visites à la campagne pour les enfants de milieu urbain et pour les touristes, un centre d'équitation, une colonie de vacances axée sur la nature, un camping pour naturistes, des sentiers d'interprétation de la nature, une piste de vélo, des sentiers de randonnée pédestre. Si l'élevage vous intéresse, avez-vous pensé au wapiti, au chevreuil, au bison, à l'autruche ? Si la culture vous intéresse, avez-vous pensé aux plantes médicinales ou aux fines herbes ? L'investissement peut varier entre 100 $ et 10 000 $ selon le projet et le coût des modifications à faire à votre ferme.

Vous avez un camion ou une voiture ? Transportez des enfants du quartier à la garderie, faites des déménagements, de la livraison en sous-traitance pour les restaurants, offrez un service d'emplettes ou de courrier, ou encore un service de cueillette de rebuts massifs tels que des meubles ou des appareils électroménagers (investissement requis entre 1 000 $ et 5 000 $).

5.11 L'ORGANISATION DE PENDERIES

Si vous avez un goût sûr et des talents pour bien utiliser l'espace, pourquoi ne pas vous lancer dans l'organisation de penderies. Avec les tablettes, les paniers et les autres supports de rangement offerts dans les quincailleries et les grandes surfaces, vous pourriez réaliser des chefs-d'œuvre de rangement. L'investissement requis se situe entre 1 000 $ et 5 000 $.

5.12 LE RAPPEL DES DATES IMPORTANTES

Au moyen d'un classeur et d'un téléphone, vous pouvez offrir un service de rappel des dates importantes (anniversaires divers) en offrant un abonnement annuel. Vous pouvez établir votre structure de prix selon le service : rappel téléphonique, envoi d'une carte, d'un bouquet de fleurs, d'un cadeau, réservation dans un restaurant ou toute autre demande de votre abonné. Ce service peut être très utile aux étudiants (qui sont loin du foyer et oublient parfois l'anniversaire de maman), aux gens très occupés ou très distraits. L'investissement initial est minime si on ne tient pas compte de la publicité.

5.13 LE CHASSEUR DE PETITES TÊTES

Nombre d'entreprises se spécialisent dans la recherche et le recrutement de cadres intermédiaires et supérieurs. On nomme ces entreprises des « chasseurs de têtes ». On entend souvent dire, aujourd'hui, que les entreprises ont de la difficulté à trouver du personnel qualifié. Ces entreprises qui ont besoin de techniciens ou d'ouvriers seraient certainement intéressées à utiliser un service semblable à celui des chasseurs de têtes, pour le recrutement de leur personnel. Un grand investissement de temps dans la représentation et dans la recherche est nécessaire pour ce type d'entreprise, mais l'investissement financier est minime.

5.14 QUELQUES TALENTS À EXPLOITER

Vous avez un talent :

Pour la cuisine : Rédigez et publiez des recettes ou des livres de recettes à base de produits régionaux ou des recettes minceur, et vendez-les en librairie ou aux restaurants de la région. Fabriquez et vendez du chocolat, des plats cuisinés ou santé (sans gras, sans sucre et sans sel) congelés ou prêts à manger, etc.

Pour le dessin : Décorez les murs des chambres, des cuisines, des salons résidentiels, des bureaux de professionnels ou des entreprises avec des dessins peints à la main, personnalisés. Préparez des modèles à découper dans les tapis pour personnaliser les entrées de bureaux ou d'entreprises. Dessinez des modèles d'imprimés pour les fabricants de vêtements.

Pour la stratégie : Concevez et publiez des jeux de rôles, des jeux de société, des jeux solitaires (casse-tête) sur papier ou sur informatique.

Pour l'informatique : Donnez des cours d'initiation et de perfectionnement sur différents logiciels ; élaborez des applications nouvelles pour les logiciels les plus souvent utilisés ; programmez des « macrocommandes » et des applications spécialisées pour les entreprises ; rédigez des guides simples pour l'apprentissage des logiciels ou tout autre guide d'utilisation. Exploitez une base de données, un site *chat* ou un babillard électronique. Montez, gérez et vendez une liste d'envois postaux. Allez faire les *back-up* dans les entreprises après les heures de bureau. Produisez des jeux ou des logiciels en *shareware*.

Pour l'entretien et le ménage : Optez pour l'entretien résidentiel, l'entretien des ordinateurs et de l'équipement de bureau (nettoyage et entretien préventif), la tonte de pelouse, l'entretien de jardins et de piscines ou le déneigement.

Pour les langues et l'écriture : Faites de la traduction, du journalisme à la pige, de la correction de textes pour les étudiants, les maisons d'édition, les écrivains et les professeurs.

Pour la négociation : Formez un groupe d'achats pour les petites entreprises de votre région, négociez des prix pour la livraison chez vous et distribuez le tout aux membres du groupe ; offrez vos services aux particuliers qui veulent acheter une voiture ou une maison.

Pour la réparation et les menus travaux : Offrez un service d'homme ou de femme à tout faire, de réparation d'appareils électroménagers, d'appareils vidéo, de téléviseurs et autres, ou un service de recyclage des cartouches d'encre pour les imprimantes à laser ou à jet d'encre.

Pour la fabrication artisanale : Offrez des boîtes décoratives, des fleurs séchées, de la broderie sur vêtements et accessoires, des poupées, des objets miniatures, des coffrets, des chandelles, des paniers tout usage ou tout autre article de collection (dés à coudre, assiettes, petites cuillères).

Pour quelque chose qui vous est unique : Diffusez votre expertise au moyen de livres ou de guides pratiques, de séminaires et d'ateliers, d'un service de consultation (démarrage d'entreprise, planification financière personnelle, impôt, jardinage, cuisine, transfert de technologie, bureautique, recrutement, motivation du personnel, déménagement, etc.).

5.15 SUIVRE LA MODE ?

Il y a un certain danger à suivre la mode, car elle change rapidement. Cependant, il est possible, si l'on arrive au tout début d'une vague, de rentabiliser un projet. Il faut toutefois demeurer à l'affût du changement et ne pas se laisser supplanter par une autre vague qu'on n'aurait pas vu venir.

Au moment d'écrire ces lignes, le country est encore à la mode de même que tout ce qui est rétro, Amérique latine et Asie. L'exotisme et les années 1950, tant dans la décoration intérieure que dans les restaurants, est *in*. Les restaurants thématiques, spécialisés et intimes, les magasins à escompte autant que les boutiques spécialisées, les marchés aux puces, la rénovation, la récupération et le recyclage sont également des secteurs très intéressants actuellement.

5.16 SI VOUS N'AVEZ PAS ENCORE TROUVÉ !

Avez-vous pensé à établir les arbres généalogiques et à découvrir les blasons familiaux ? À rénover les baignoires et d'autres surfaces émaillées ? Au nettoyage de cheminées et de systèmes d'échangeur d'air et de récupérateur de chaleur (bientôt, toutes les bâtisses devront être équipées de récupérateur de chaleur) ? À installer des sections fumeurs dans les endroits publics ? À remplacer le styromousse par du maïs soufflé comme matériau d'emballage ? À offrir vos services pour surveiller les maisons, pour nourrir les animaux et pour arroser les plantes en l'absence des propriétaires ? À une résidence pour personnes âgées ? À offrir des services à domicile (coiffure, esthétique, soins des ongles, etc.) ? À offrir un service d'envoi postal massif aux entreprises (cueillette de documents, photocopie, mise en enveloppe, tri par codes postaux et livraison au bureau de poste) ? À un bar ou à une discothèque thématique ou sans alcool ? À installer de la céramique, de la tuile et des planchers de bois franc prévernis ? À un centre de jeux de société (non pas informatique, mais réel, afin de faciliter la conversation) pour enfants ou pour adultes ?

6 Vous et votre idée d'entreprise

Avant de vous lancer dans la grande aventure, il est important de bien vous connaître. Vous devez être conscient de vos forces et de vos faiblesses, et comprendre clairement pourquoi vous voulez devenir entrepreneur. L'objectif de ce chapitre est de vous permettre d'examiner, par rapport à votre projet, vos motivations, vos comportements, vos forces, vos faiblesses et les appuis dont vous disposez.

6.1 VOUS

Il est vous est sûrement déjà arrivé de chercher un objet, alors qu'il se trouvait presque sous votre nez ! De même pour votre idée d'entreprise, vous devez la chercher en vous-même. La plupart du temps, l'idée d'entreprise est étroitement liée à la personnalité de l'entrepreneur : elle dépend de ses expériences, de sa formation, de ses talents, de ses goûts, de ses aptitudes, de son expertise, de ses loisirs et de ses intérêts. Lorsqu'il en est autrement — si, par exemple, vous avez trouvé votre idée d'entreprise à la lecture des chapitres précédents, à la suite d'une annonce d'occasions d'affaires, etc. —, il est alors très important de vérifier si le projet que vous caressez vous permettra d'atteindre vos objectifs. Vous devez également évaluer si vous avez tous les atouts nécessaires pour faire un succès de votre projet.

Nous vous proposons une démarche qui vous aidera à découvrir cette idée qui sommeille en vous et qui vous ressemble. Si vous avez déjà une idée, notre propos vous permettra de la parfaire jusqu'à ce qu'elle vous aille comme un gant.

Dans une première étape, l'exercice 8 (voir page 115) vous demande de noter cinq secteurs d'activité ou idées auxquels vous avez déjà pensé ou qui pourraient vous intéresser.

Dans la recherche et le choix d'une idée d'entreprise, il est primordial de respecter ses goûts, sa formation, son expérience et ses aptitudes. Il faut s'orienter vers un créneau qu'on aime et pour lequel on a des compétences. Il est très risqué de se lancer dans un domaine d'activité avec lequel on a peu d'affinités.

N'oubliez pas non plus l'élément très important que représente l'actif dont vous disposez. Vous possédez peut-être un vieux chalet, un micro-ordinateur, un voilier, une collection d'objets rares, etc. Cet actif peut vous permettre de découvrir votre occasion d'affaires et vous aider à réaliser votre projet.

EXERCICE 8

LES IDÉES OU LES SECTEURS QUI M'INTÉRESSENT

Inscrivez ici cinq idées ou secteurs d'activité qui vous intéressent à première vue.

1. _____

2. _____

3. _____

4. _____

5. _____

Nous vous proposons, dans une deuxième étape (exercice 9, voir page 116), un questionnaire qui vous aidera à trouver ou à améliorer votre idée d'entreprise. Dans un premier temps, répondez aux questions selon votre propre perception, tel que vous vous voyez vous-même. Dans un second temps, discutez de ces questions avec des gens qui vous connaissent bien (parents, conjoint, amis). Ces échanges vous permettront de répondre le plus adéquatement possible aux questions. La perception de vos amis peut, en effet, être différente de la vôtre. Par exemple, si vous vous considérez comme un excellent artiste-peintre, vous découvrirez peut-être que vos amis ne font pas mention de ce talent et que, sans doute, ils achetaient vos tableaux pour vous faire plaisir !

EXERCICE 9

LES PREMIÈRES QUESTIONS À ME POSER

Dans quel domaine d'activité ai-je de l'expérience (travail, loisirs, bénévolat, stage, etc.)?

_____

_____

Dans quoi suis-je très bon? meilleur que les autres?

_____

_____

Qu'est-ce que j'aime faire? Qu'ai-je le goût de faire?

_____

_____

Quelle est ma formation (scolaire ou pratique)?

_____

_____

Est-ce que je possède une expertise particulière pour laquelle je suis reconnu? Si oui, laquelle?

_____

_____

Qu'est-ce qui m'intéresse beaucoup (loisirs, passe-temps ou autre)?

_____

_____

Est-ce que je possède (moi ou ma famille) un bien qui est peu ou mal utilisé et qui pourrait m'être utile dans mon projet d'entreprise?

_____

_____

_____

Vous disposez maintenant de deux sortes de renseignements : votre profil d'expériences, de goûts et d'aptitudes ainsi que les secteurs qui vous intéressent.

Dans une troisième étape (exercice 10 ci-dessous), reprenez les secteurs d'activité que vous avez désignés précédemment et comparez-les aux résultats que vous avez obtenus à l'exercice 9.

EXERCICE 10

MOI ET MON OCCASION D'AFFAIRES

Parmi les secteurs d'activité que vous avez privilégiés dans l'exercice 8, lesquels correspondent à votre expérience, à votre formation, à vos goûts et à votre actif ?

Secteurs	Expérience	Formation	Goûts	Actif
1. _____	Oui __ Non __	Oui __ Non __	Oui __ Non __	Oui __ Non __
2. _____	Oui __ Non __	Oui __ Non __	Oui __ Non __	Oui __ Non __
3. _____	Oui __ Non __	Oui __ Non __	Oui __ Non __	Oui __ Non __
4. _____	Oui __ Non __	Oui __ Non __	Oui __ Non __	Oui __ Non __
5. _____	Oui __ Non __	Oui __ Non __	Oui __ Non __	Oui __ Non __

Dans les secteurs d'activité que vous aviez notés dans l'exercice 8, combien en reste-t-il maintenant pour lesquels vous avez répondu « oui » aux quatre critères ? _____

Lesquels ? _____

À la suite de ces exercices, il vous reste probablement plus d'une idée qui paraît viable. Parmi ces idées, choisissez celle qui vous semble la plus pertinente. Nous allons nous en servir dans les prochaines étapes de ce chapitre. Si, à la fin du chapitre, vous ne considérez plus cette idée comme intéressante, reprenez le processus avec une autre idée. Comme le dit le proverbe, quelquefois, il faut « vingt fois sur le métier remettre son ouvrage ».

6.2 LES FORCES ET LES FAIBLESSES

Pour amorcer votre réflexion, décrivez le plus précisément possible votre idée d'entreprise :

_____

_____

Maintenant, répondez aux questions de l'exercice 11 (voir page 119).

Il est normal que vous vous découvriez quelques faiblesses par rapport à votre idée d'entreprise. Il existe des ressources et des moyens pour pallier vos faiblesses. Toutefois, la volonté doit être de la partie. Si vous voulez vraiment réussir, vous prendrez les mesures nécessaires.

Si votre problème relève de la formation (technique ou gestion), informez-vous auprès du Service d'éducation aux adultes du cégep, de la polyvalente, de l'université ou du Centre local d'emploi de votre région. La Banque de développement du Canada, le ministère du développement économique, de l'innovation et de l'exportation et nombre d'autres firmes privées et publiques offrent également aux gens d'affaires et à ceux qui veulent le devenir des séminaires et des ateliers reliés à la gestion. L'offre ne manque pas, il s'agit de vous inscrire.

Si votre problème provient d'un manque d'expérience, vous pouvez tenter de vous trouver un emploi dans une entreprise semblable à celle qui vous intéresse, ou chercher un ou des partenaires, ou encore un employé, qui vous compléteront.

Vous pouvez également décider de poursuivre vos démarches dans l'immédiat, dans l'intention de remédier à vos faiblesses plus tard, tout en vous entourant de professionnels qui sauront vous guider et vous conseiller.

EXERCICE 11

MES FORCES ET MES FAIBLESSES PAR RAPPORT À MON OCCASION D'AFFAIRES

Ma formation et mon expérience sont-elles en relation directe avec mon occasion d'affaires? Comment?

_____

_____

Quelles sont mes compétences en gestion?

_____

_____

Qu'est-ce qui me manque en gestion?

_____

_____

Quelles sont mes compétences techniques? mes faiblesses techniques?

_____

_____

Suis-je prêt à remettre à plus tard mon projet d'entreprise pour parfaire ma formation ou prendre de l'expérience? Si oui, comment?

_____

_____

En toute honnêteté, suis-je capable aujourd'hui de faire fonctionner une entreprise comme celle dont je rêve? Pourquoi et comment?

_____

_____

Note: La gestion comprend l'administration générale, les activités de promotion, la gestion financière, la comptabilité, la production, la vente et la distribution, la gestion du personnel, le service à la clientèle, la connaissance du produit ou du service, du secteur, l'expertise technique et la connaissance de personnes-ressources, soit votre réseau de contacts.

6.3 LES MOTIVATIONS

Il y a certaines questions auxquelles vous devez répondre immédiatement et en toute franchise. Vous devez être certain que vous désirez devenir entrepreneur, que vous êtes décidé à accepter les défis, les conséquences et les changements qui en résulteront. Le plus important est de définir pourquoi vous voulez vous lancer en affaires. De l'atteinte de vos objectifs personnels découlera votre satisfaction par rapport aux objectifs que vous fixerez pour votre entreprise.

Pour vous aider à cerner cet aspect, faites l'exercice 12 (voir page 122). Vous aurez peut-être tendance à vous comparer à des gens d'affaires que vous connaissez. Attention! Chaque personne, chaque entreprise est unique. Quant à la tentation de vous comparer aux statistiques sur les entrepreneurs qui ont réussi, nous vous recommandons d'être très prudent. Il s'agit de moyennes, de chiffres qui ne peuvent en aucun cas refléter la complexité de la personnalité d'un individu et de la relation entre cet individu et son entreprise. Nous vous conseillons à ce sujet *Profession : entrepreneur* d'Yvon Gasse (voir dans la bibliographie).

Il demeure toutefois utile de connaître les caractéristiques des entrepreneurs qui ont réussi et les comportements qui ont fait de ces gens des gagnants. Cette connaissance vous permettra d'examiner si vous possédez les caractéristiques et les comportements qui vous aideront à réussir en affaires.

Les raisons le plus souvent invoquées par les entrepreneurs qui se sont lancés en affaires sont le goût de relever des défis, l'insatisfaction dans leur travail, la volonté de réussir quelque chose qui leur est propre, le désir d'acquérir l'indépendance financière ou, tout simplement, celui d'être leur propre patron. Parfois, la motivation de se lancer en affaires est moins « noble » ; après la perte de son emploi, il s'agit souvent de la seule solution.

6.4 LES COMPORTEMENTS GAGNANTS

Les personnes qui réussissent en affaires, les gagnants, partagent, à des degrés divers, certains traits de caractère et certains comportements. Pour savoir si vous leur ressemblez (un peu, beaucoup, pas du tout), lisez la liste des caractéristiques que vous trouverez au tableau 12 et vérifiez si, actuellement ou par le passé, vous vous êtes comporté de l'une ou l'autre de ces façons. N'oubliez pas qu'il s'agit d'une description de l'entrepreneur idéalisé. Prenez ensuite quelques minutes pour définir vos propres comportements gagnants (exercice 13, voir page 124).

Il n'est pas nécessaire de présenter tous les comportements mentionnés ; vous pouvez même avoir des caractéristiques qui ne sont pas dans la liste et qui vous seront utiles. Le but de l'exercice est de vous aider à mieux vous connaître pour mieux choisir le type d'entreprise qui vous plaira et vous permettra d'atteindre vos objectifs personnels.

EXERCICE 12

MES MOTIVATIONS POUR ME LANCER EN AFFAIRES

Pourquoi est-ce que je veux devenir entrepreneur ? Quelles sont mes motivations pour me lancer en affaires ?

_____

_____

_____

Quels sont mes objectifs personnels ?

_____

_____

_____

L'entreprise dont je rêve me permettra-t-elle de satisfaire mes objectifs personnels ? Comment ?

_____

_____

_____

Comment mon entreprise m'aidera-t-elle ou m'empêchera-t-elle de vivre et d'agir comme je pourrais le désirer ?

_____

_____

_____

Suis-je prêt à prendre le risque financier et émotif de changer de mode de vie ?

_____

_____

_____

TABLEAU 12

LES CARACTÉRISTIQUES DES ENTREPRENEURS À SUCCÈS

Les entrepreneurs à succès sont des personnes qui :

- ont beaucoup d'énergie et une bonne santé ;
- aiment gagner, mais apprennent de leurs échecs ;
- cherchent à se dépasser, mais se fixent des objectifs réalisables ;
- terminent ce qu'elles entreprennent ;
- possèdent un bon jugement sur les gens et sur les choses ;
- se sentent maîtres de leur vie et ont confiance en elles ;
- considèrent l'argent comme une mesure de réussite plutôt que comme une fin en soi ;
- connaissent leurs forces et leurs faiblesses ;
- s'entourent de personnes qui les complètent ;
- savent se faire écouter, sont convaincantes ;
- aiment décider, maîtriser leur environnement ;
- vivent en harmonie avec le risque... calculé ;
- sortent des sentiers battus, cherchent des solutions innovatrices ;
- résistent bien au stress, savent s'en servir ;
- tombent amoureuses de ce qu'elles font ;
- travaillent de longues heures et consacrent toute leur énergie à atteindre leurs objectifs.

EXERCICE 13

MES COMPORTEMENTS QUI FAVORISENT LA RÉUSSITE

Décrivez ici deux ou trois expériences personnelles où vous avez connu la réussite et énumérez les comportements ou les caractéristiques qui en sont responsables.

1. _____

_____

_____

2. _____

_____

_____

3. _____

_____

_____

6.5 LES APPUIS

Tout au long de vos démarches et lorsque vous aurez lancé votre entreprise, vous aurez besoin de l'appui de votre famille, de vos amis et de gens d'affaires. C'est une aventure qu'il vaut mieux ne pas tenter seul !

Si votre conjoint n'est pas d'accord avec le fait que vous vous lanciez en affaires, vous risquez de vous trouver avec des problèmes personnels d'autant plus graves que vous aurez à travailler très fort pour mener à bien votre projet. Il est de beaucoup préférable que votre conjoint vous encourage, de même que vos amis et vos enfants. Il est possible que, au début, votre entourage tente de vous décourager « pour votre bien ». Si vous réussissez, néanmoins, à convaincre vos proches que votre idée est bonne, ils peuvent vous apporter beaucoup et, qui sait, devenir vos premiers clients.

SE CRÉER ET MAINTENIR UN RÉSEAU D'AFFAIRES

Il existe beaucoup de façons de créer un réseau d'affaires. Vous pouvez débuter en vous trouvant un « parrain », c'est-à-dire une personne d'expérience qui saura vous conseiller, vous ouvrir des portes et s'assurer que vous êtes dans la bonne voie. Le parrain est une personne que vous rencontrerez régulièrement pour l'informer de vous et de votre entreprise. C'est également la personne que vous appelerez si vous avez une décision difficile à prendre. Le parrain pourra vous aider ou vous orienter vers une de ses connaissances qui saura répondre à votre question.

Une seconde façon de vous créer un réseau est de participer à des activités d'organismes tels que les chambres de commerce, les clubs de nouveaux entrepreneurs ou d'entrepreneurs étudiants et toutes autres activités organisées par les organismes socioéconomiques de votre région. Vous en profiterez pour vous présenter ainsi que pour distribuer et prendre des cartes professionnelles.

Une fois votre réseau créé, il s'agit de le maintenir. On entretient un réseau par des échanges de renseignements et de services. Vous devez vous assurer que vous connaissez les intérêts et les domaines d'activité des personnes qui composent votre réseau. Lorsque vous entendez parler de quelque chose qui pourrait les intéresser, vous le leur faites savoir : une télécopie, une photocopie d'article, un téléphone, un courrier électronique, tous les moyens sont bons. En retour, il est fort probable que s'ils ont connaissance d'une information utile pour vous, ils vous rendront la pareille.

Quelques bonnes adresses

Association des clubs d'entrepreneurs étudiants
du Québec
Cégep de Drummondville
960, rue Saint-Georges
Drummondville (Québec) J2C 6A2
Téléphone : (819) 478-4671, poste 328
Télécopieur : (819) 478-4401
Courriel : information@acee.qc.ca
Site Internet : www.acee.qc.ca

Alliance québécoise des travailleurs et travailleuses autonomes
(AQTA)
545, boul. Crémazie Est, bureau 1401
Montréal (Québec) H2M 2V1
Téléphone : (514) 384-9000
Sans frais : 1 800 263-4268
Courriel : info@aqta.qc.ca
Site Internet : www.websy.ca/html/aqta

Fondation de l'entrepreneurship
55, rue Marie-de-l'Incarnation, bureau 201
Québec (Québec) G1N 3E9
Téléphone : (418) 646-1994
Télécopieur : (418) 646-2246
Courriel : fondation@entrepreneurship.qc.ca
Site Internet : www.entrepreneurship.qc.ca

Accès Entrepreneur inc.
5255, boulevard de la Rive-Sud, bureau 225
Lévis (Québec) G6V 4Z4
Téléphone : (418) 835-3519
Télécopie : (418) 835-5992
Courriel : accesentrepreneur@oricom.ca

Dans le monde des affaires, vous connaissez sûrement des gens qui pourront vous conseiller, vous fournir des références ou des produits et des services, et devenir des clients. Leur appui sera fort utile avant et après le démarrage de votre entreprise.

Afin de vérifier si vous recevez vraiment l'appui de votre famille et de répertorier les gens d'affaires qui pourraient vous aider ou vous parrainer, dressez une liste de personnes que vous jugez utiles ou nécessaires à votre projet et rencontrez-les pour savoir ce qu'elles pensent.

Parlez de votre projet autour de vous, quelle qu'en soit l'étape à laquelle vous êtes rendu. Ne craignez pas de vous faire « voler » votre idée, cela arrive très rarement. Il vaut mieux divulguer votre projet et, ainsi, déterminer avec certitude qui peut et veut vous épauler.

EXERCICE 14

LES PERSONNES QUI PEUVENT M'AIDER

Noms   Utilité pour moi

6.6 LES DERNIÈRES QUESTIONS

Votre projet de lancer une entreprise est déterminé par des objectifs de réalisation personnelle et soutenu par des motivations dynamiques. Vous présentez des comportements gagnants. Votre idée d'entreprise vous ressemble et vous possédez les compétences nécessaires pour la réaliser. Vous bénéficiez de l'appui de votre conjoint, de vos enfants, de votre famille, de vos amis et de vos relations d'affaires. Vous êtes vraiment prêt. Pour vérifier cette affirmation, faites l'exercice suivant.

EXERCICE 15

SUIS-JE VRAIMENT PRÊT ?

Suis-je prêt à travailler un plus grand nombre d'heures que si j'avais un employeur ?

_____

Suis-je prêt à ne pas avoir de paie toutes les semaines ? de devoir attendre que mon entreprise soit rentable avant de me verser un salaire ?

_____

_____

Suis-je prêt à être responsable de tout et à ce que tout repose sur mes épaules, que cela aille bien ou mal ?

_____

_____

Suis-je prêt à m'endetter pour lancer mon entreprise ?

_____

_____

Suis-je prêt à diminuer éventuellement mon niveau de vie (argent, vacances ou autres), du moins pour un certain temps ?

_____

_____

Mon conjoint et mes enfants sont-ils prêts à me voir moins souvent ? à m'aider dans mon entreprise ? à diminuer éventuellement leur niveau de vie ? à ce que je m'endette, voire à se porter garants pour moi ?

_____

_____

Vous avez répondu oui à toutes les questions de l'exercice ? Vous êtes parvenu à l'étape de la concrétisation de votre projet d'entreprise.

EN RÉSUMÉ

Avant de passer à la réalisation de votre projet, vous devez vous interroger sur plusieurs éléments : vos motivations, vos compétences, vos appuis... Par la suite, vous aurez beaucoup de travail à abattre. C'est l'objet de la deuxième partie de ce guide.

Deuxième partie

Concrétiser votre idée d'entreprise

Plus technique, cette deuxième partie du guide se veut un résumé des principales étapes qu'il vous reste à franchir pour faire de votre idée d'entreprise un projet réaliste et rentable. Nous vous donnerons suffisamment d'information pour que vous procédiez à une première évaluation du réalisme et de la rentabilité de votre projet. Nous vous conseillons cependant de pousser plus avant ces réflexions et de consulter l'un des nombreux organismes de développement économique ou de soutien à l'entrepreneurship qui existent dans toutes les régions du Québec.

7 〉 Évaluer le marché pour mon idée d'entreprise

Dans le chapitre 1, nous avons mentionné que l'un des principes pour réussir en affaires stipulait qu'il devait y avoir un bon mariage entre le produit ou le service et le marché. La meilleure façon de s'assurer qu'on respecte ce principe est de faire une étude de marché. Dans ce chapitre, nous présentons les étapes et les outils essentiels à la réalisation de votre étude de marché, et ce, de la définition de votre créneau à la cueillette d'information statistique, en passant par l'évaluation de la concurrence et l'enquête auprès de la clientèle cible.

> Quelle est la différence entre une idée d'entreprise et une occasion d'affaires ? La présence d'un marché, c'est-à-dire de personnes intéressées à acheter votre produit ou votre service.

Une étude de marché consiste à mesurer la demande pour votre produit ou votre service, compte tenu d'une clientèle cible, dans un marché géographique donné, et de la présence de concurrents. Vous pouvez faire votre étude de marché vous-même ou en donner une partie à une firme spécialisée. Cependant, avant de la confier à un tiers, vous devez préciser vos objectifs, à savoir ce que vous voulez précisément savoir une fois l'étude terminée.

Nous vous conseillons fortement de procéder vous-même à votre étude de marché, particulièrement à l'étape de l'enquête auprès de la clientèle cible. Vous pourrez ainsi recueillir directement les renseignements dont vous avez besoin pour élaborer votre stratégie de marketing. Cela vous permettra également de modifier vos questions ou votre approche selon les réponses que vous aurez obtenues.

La réalisation de l'étude de marché est primordiale et elle est préalable à la rédaction du plan d'affaires. L'étude de marché vous indiquera, entre autres choses, votre chiffre d'affaires potentiel et les caractéristiques du produit ou du service désirées par la clientèle. Ces renseignements vous permettront de déterminer une foule d'éléments essentiels tels que le type d'équipement, de local ou de matériaux requis, le nombre d'employés (le cas échéant) que vous devrez engager, ainsi que l'investissement nécessaire pour atteindre vos objectifs. Toute l'information obtenue sera ensuite présentée, d'une façon cohérente, dans un plan d'affaires.

7.1 DÉFINIR LE CRÉNEAU

Pour bien définir votre occasion d'affaires, votre créneau, il vous faut connaître votre produit ou votre service, votre marché ainsi que la faisabilité et la rentabilité de votre projet (nous reviendrons à la faisabilité et à la rentabilité dans le prochain chapitre).

À cette étape-ci, vous êtes censé avoir déterminé votre projet d'entreprise. Si vous voulez vendre votre produit ou votre service, vous devez en connaître tous les attributs, tous les éléments qui en feront un produit ou un service unique en son genre.

Vous devez donc différencier votre produit ou votre service de ceux qui existent déjà sur le marché. Pour le consommateur, il est très important d'avoir une raison de choisir votre produit plutôt que celui de votre concurrent.

Ainsi, pour bien définir un produit ou un service, il faut commencer par définir le ou les besoins qu'il va combler. En effet, comme nous l'avons vu au chapitre 2, ce sont les besoins qui poussent à consommer des produits ou des services. (Par exemple, une poignée de porte sert à ouvrir une porte. Elle peut, toutefois, combler de nombreux autres besoins tels que le sens de l'esthétique, le besoin de sécurité ou l'exigence de qualité, selon qu'elle est décorative, munie d'un verrou ou fabriquée avec des matériaux de qualité.)

Servez-vous de votre imagination et énumérez dans l'exercice 16 (voir page 136) tous les besoins qui peuvent être comblés par votre produit ou votre service.

N'oubliez pas que vous devez vous tenir prêt à modifier votre idée au gré des besoins de votre marché. En effet, nous avons mentionné précédemment à quel point les besoins des consommateurs sont sujets à changement. C'est pourquoi il est d'autant plus important de procéder à une étude rigoureuse de ces besoins.

EXERCICE 16

LES BESOINS COMBLÉS PAR MON PRODUIT OU MON SERVICE

Quels sont les besoins qui peuvent être comblés par le produit ou le service que je veux produire ou vendre ?

_____

_____

_____

_____

_____

_____

Ces besoins que vous venez de déterminer formeront la base de tout le marketing de votre entreprise, des tactiques de vente aux stratégies publicitaires, en passant par les canaux de distribution et le prix.

Pour combler ces besoins, il vous faut maintenant définir votre produit ou votre service, quitte à modifier quelque peu votre idée initiale. Les caractéristiques dont vous devez tenir compte sont les suivantes : les attributs physiques (couleurs, poids, dimensions, matériaux, emballage, qualité) ; les attributs financiers (le prix de vente) ; et les attributs intangibles (garantie, service après-vente, distribution, arguments publicitaires). Enfin, il ne faut pas oublier le marché, c'est-à-dire le consommateur.

EXERCICE 17

LES CARACTÉRISTIQUES DE MON PRODUIT OU DE MON SERVICE

Pour répondre aux besoins énumérés à l'exercice 16, mon produit ou mon service devra présenter les caractéristiques suivantes :

Physiques :

_____

_____

Financières :

_____

_____

Intangibles :

_____

_____

Une fois votre produit ou votre service bien défini, il reste deux étapes importantes : cerner adéquatement la clientèle et vous comparer à la concurrence.

Pour cibler le marché, vous devez préciser *qui* va acheter votre produit ou votre service, *où, quand* et en *quelle quantité*. L'exercice 18 (voir page 138) présente sommairement les résultats que vous devriez obtenir après avoir fait votre étude de marché. Répondez-y dès maintenant, avec un crayon à mine afin que vous puissiez effacer les réponses, car vous reviendrez à ce questionnaire après avoir franchi les étapes suivantes.

EXERCICE 18

LES RÉSULTATS DE MON ÉTUDE DE MARCHÉ

Quel est mon marché cible ?

_____

_____

_____

Qui sont mes concurrents et quelles sont leurs forces et leurs faiblesses ?

_____

_____

_____

À quels besoins répondront mes produits ou mes services ? Comment ?

_____

_____

_____

À quel endroit devrait être située mon entreprise pour joindre ma clientèle ?

_____

_____

_____

Quelles seront mes stratégies de promotion, de publicité, de vente ou de distribution ?

_____

_____

_____

Mes ventes pourront être de _____ $, compte tenu de la clientèle et de la concurrence.

7.2 ÉVALUER LE MARCHÉ À L'AIDE DES DONNÉES SECONDAIRES

Dans le chapitre 4, nous vous avons présenté un exemple de données secondaires à propos du marché de l'informatique. Une donnée secondaire est une information qui a été recueillie et publiée à d'autres fins que celles qu'on poursuit, mais qui peut nous être utile.

Votre recherche au sujet du marché doit commencer par une étude de toutes les données déjà publiées sur la question. Les sources à consulter sont Statistique Canada, l'Institut de la statistique du Québec, les répertoires du CRIQ et toutes publications qui s'adressent à votre secteur d'activité.

7.3 LE SECTEUR D'ACTIVITÉ

Il vous faudra brosser un portrait de votre secteur d'activité, c'est-à-dire en faire un bref historique, évaluer s'il est en croissance, y reconnaître les acteurs principaux (ceux qui définissent les règles du jeu) et, enfin, déterminer les occasions d'affaires qu'il recèle ainsi que les menaces, voire les barrières à l'entrée, qui proviennent de la concurrence ou de l'environnement extérieur (aspects politico-légal, économique, social, technologique et écologique).

Revenons à l'exemple du chapitre 4 sur l'informatique. Les données présentées indiquent que ce secteur est en forte croissance. Actuellement, nous savons que les acteurs principaux de ce secteur sont des entreprises comme Microsoft et Aldus en ce qui concerne les logiciels, et Hewlet Packard, Compaq, IBM et Apple en ce qui a trait à l'équipement.

Ces entreprises définissent les règles du jeu dans le secteur (les prix de vente, la technologie utilisée, la façon de distribuer et de vendre les produits, etc.). Elles établissent aussi certaines barrières à l'entrée comme le savoir-faire qui leur appartient, voire certains monopoles (tel celui de Microsoft, avec le logiciel d'exploitation Windows) qui peuvent empêcher de nouvelles entreprises de démarrer dans le secteur.

L'environnement général, représenté par l'acronyme PESTE (**p**olitico-légal, **é**conomique, **s**ocial, **t**echnologique et **é**cologique), présente également des occasions et des menaces. Par exemple, sur le plan juridique, au moment d'écrire ces lignes, Microsoft fait face à une poursuite en raison du monopole qu'il a installé avec le fureteur Internet intégré dans Windows. La décision de la Cour, selon qu'elle soit favorable ou non à Microsoft, pourra soit ouvrir, soit fermer des portes à la mise en place de nouveaux fureteurs.

Sur le plan économique, comme on parle de relance, actuellement, il est fort possible que de plus en plus de gens aient les moyens de se payer un ordinateur ; sur le plan social, il est devenu presque aussi impératif de posséder un ordinateur que de posséder un téléphone ; sur le plan technologique, les découvertes font que les ordinateurs sont de plus en plus puissants et économiques ; et, enfin, sur le plan écologique, les ordinateurs permettent d'économiser du papier.

Bien sûr, cette analyse est trop brève et trop superficielle, mais elle illustre les aspects d'un secteur d'activité qu'il faut étudier avant de s'y lancer. Il va sans dire que l'analyse de votre secteur d'activité devra être beaucoup plus approfondie et détaillée.

EXERCICE 19

MON SECTEUR D'ACTIVITÉ ET SON ENVIRONNEMENT

Quel est le secteur d'activité de mon entreprise ?

_____

Qui en sont les acteurs principaux ?

_____
_____

Quelles en sont les règles du jeu ?

_____
_____

Quel est son historique ?

_____
_____

Quelles sont les influences des éléments de PESTE ?

_____
_____
_____
_____
_____
_____

7.4 LE MARCHÉ

Après avoir décrit et analysé votre secteur d'activité, vous devrez passer au portrait détaillé de votre marché, selon un territoire géographique donné (le marché que vous voulez servir) :

• Quelles sommes sont dépensées annuellement pour un produit ou un service identique ou substitut au vôtre ?

• Ces dépenses sont-elles en hausse ou en baisse ?

• Quel est le portrait type des ménages ou des entreprises qui dépensent pour ce bien ou ce service ?

• Combien de ménages ou d'entreprises qui répondent à ce portrait dépensent pour ce produit ou ce service sur le marché que vous visez ?

Pour répondre à ces questions, Statistique Canada peut vous être d'un recours inestimable. De nombreux catalogues sont publiés annuellement sur les importations, les exportations, les dépenses et les livraisons (ventes) des entreprises manufacturières, les dépenses des familles, etc. Voici quelques exemples de ces publications ou catalogues :

• Cat. 13-208 *Revenus des familles, familles de recensement*
• Cat. 32-211 *Produits livrés par les fabricants canadiens*
• Cat. 61-008 *Statistiques financières trimestrielles des entreprises*
• Cat. 61-219 *Statistiques financières des entreprises*
• Cat. 63-005 *Commerce de détail*
• Cat. 63-015 *Bulletin des industries de service*
• Cat. 63-224 *Recueil statistique des études de marché*
• Cat. 63-555 *Dépenses des familles au Canada*
• Cat. 64-202 *L'équipement ménager*
• Cat. 63-*227 Industrie de la production de logiciels et des services informatiques*
• Cat. 65-203 *Importation de marchandises*

Vous pouvez aussi consulter à la bibliothèque ou directement chez Statistique Canada le catalogue n° 11-204 *Catalogue de Statistique Canada,* qui présente, par ordre alphabétique, tous les sujets que vous pourrez trouver dans leurs publications. Si vous ne pouvez consulter ces données sur place à Montréal, vous pouvez aussi commander les publications qui vous intéressent. Attention, cependant, elles ne sont pas gratuites! Informez-vous avant de commander quoi que ce soit.

EXERCICE 20

MON MARCHÉ

Quelle est la demande totale pour mon produit ou mon service dans le territoire géographique qui m'intéresse?

_____

_____

Ces dépenses sont-elles en hausse ou en baisse?

_____

_____

Quel est le portrait de ma clientèle cible?

_____

_____

_____

_____

_____

_____

Combien y a-t-il de ménages, de personnes ou d'entreprises qui répondent à ce portrait dans le territoire géographique visé?

_____

_____

_____

_____

7.5 LA CONCURRENCE

Vous connaissez maintenant la demande totale (dépenses totales faites par les ménages ou les entreprises) pour le marché que vous visez. Ces dépenses sont actuellement les revenus des entreprises déjà en place... vos futurs concurrents. Mais qui sont-ils ?

La réponse à cette question représente la troisième étape de votre analyse du marché en général. Il faut repérer, puis évaluer chacun des concurrents. Pour le repérage, vous pouvez recourir aux sources d'information déjà mentionnées (CRIQ, Pages jaunes, etc.).

Pour procéder à leur évaluation, servez-vous de votre connaissance du secteur d'activité, consultez les profils sectoriels ou les articles de magazines et de journaux spécialisés et, enfin, recueillez leur publicité et visitez leurs entreprises. Plus tard, lorsque vous ferez enquête auprès de vos clients cibles, vous pourrez demander à ceux-ci leur avis sur vos concurrents.

Afin d'analyser la concurrence et la comparer à votre entreprise, vous devez surveiller tous les éléments qui sont importants pour les clients, tels la qualité, le prix, l'emballage, le service à la clientèle, les délais de livraison, l'accessibilité ou la proximité, l'accueil, l'écoute, la fiabilité, etc.

Il est important de retenir que vous devez vous mettre à la place du client. De plus, ne vous imaginez pas que tous les clients se précipiteront chez vous dès votre ouverture. Leurs besoins sont actuellement satisfaits par l'offre des concurrents. Il faudra les attirer avec de bons arguments et de bons moyens, notamment en satisfaisant leurs besoins d'une meilleure façon que les concurrents ne le font. En fait, il faudra vous différencier avantageusement de votre concurrence : posséder les mêmes forces qu'eux et être meilleur qu'eux dans ce qui fait leurs faiblesses.

En terminant, faisons la différence entre concurrence directe et concurrence indirecte. Rappelez-vous la notion de besoins que nous avons vue au chapitre 2 : les gens consomment pour satisfaire leurs besoins et c'est dans la façon de satisfaire ceux-ci que les individus diffèrent. Pour l'un, le besoin de loisirs se traduit par l'achat d'un livre, pour l'autre, par une sortie au cinéma. Chacun dépensera son budget « loisirs » d'une façon différente. De même, le besoin de transport peut se traduire par l'achat (ou la location) d'une voiture ou par l'achat d'une carte mensuelle de métro ou d'autobus.

La concurrence directe est celle qui répond au même besoin que soi avec un produit ou un service identique. La concurrence indirecte est celle qui répond au même besoin que soi avec un produit ou un ser- vice substitut. N'oubliez pas la concurrence indirecte dans votre ana- lyse du marché en général.

EXERCICE 21

MES CONCURRENTS

Qui sont mes concurrents ?

_____

_____

_____

Sont-ils en concurrence directe ou indirecte ?

_____

_____

_____

Quelles sont leurs forces et leurs faiblesses ?

_____

_____

_____

Vous avez maintenant en main un portrait du secteur d'activité, du marché et de la concurrence pour votre produit ou votre service. Il vous manque certainement quelques renseignements : Vos clients potentiels préfèrent-ils le rouge ou le bleu ? Vont-ils faire leurs achats au centre-ville ou au centre commercial ? Pourquoi achètent-ils chez vos concurrents ?

Parfois, il y a des questions auxquelles seuls les principaux intéressés peuvent répondre. Dans ces cas, il faut procéder, sous une forme ou une autre, à une enquête auprès de la clientèle cible.

7.6 ÉTABLIR LES RENSEIGNEMENTS À RECUEILLIR DIRECTEMENT AUPRÈS DE LA CLIENTÈLE CIBLE

Généralement, les renseignements recherchés à propos de la clientèle cible peuvent être obtenus par les questions suivantes :

- Quelles sont les dépenses **réelles** des clients cibles pour le produit ou le service ?

- Quelle est la fréquence d'achat (dans le passé et la fréquence future) ?

- Pourquoi achètent-ils le produit ou le service (leurs besoins, leurs motivations d'achat) ?

- Quel est le prix qu'ils sont prêts à payer pour obtenir le produit ou le service ?

- Quelles sont les caractéristiques du produit ou du service recherchées par la clientèle ?

- Seraient-ils prêts à payer plus cher (ou moins cher) si l'on ajoutait (ou retirait) certaines caractéristiques ?

- Où l'entreprise devrait-elle être située pour bien rejoindre la clientèle ?

- Actuellement, où vont-ils pour se procurer le produit ou le service ?

- Que pense la clientèle des concurrents (forces et faiblesses) ?

- Quelles sont les caractéristiques réelles (portrait) de la clientèle? (Vous avez sans doute remarqué qu'on se fait souvent demander son âge ou le montant de son revenu à la fin d'un sondage.)

Si vous avez déjà des réponses à toutes ces questions, une enquête auprès de la clientèle cible n'est peut-être pas nécessaire. Cependant, certains éléments méritent toujours d'être approfondis, telles les intentions d'achat de la clientèle et sa perception de la concurrence. Réfléchissez bien avant de décider que vous n'avez pas à faire d'enquête.

EXERCICE 22

LES RENSEIGNEMENTS À RECUEILLIR CHEZ LA CLIENTÈLE CIBLE

Portrait de la clientèle :

_____

_____

_____

Demande réelle (fréquence d'achat, budget annuel, intentions d'achat) :

_____

_____

_____

Perception de la concurrence :

_____

_____

_____

Prix de vente et caractéristiques du produit ou du service désirés :

_____

_____

_____

Localisation idéale de l'entreprise :

_____

_____

_____

7.7 CHOISIR LA BONNE MÉTHODE POUR INTERROGER LA CLIENTÈLE CIBLE

Pour recueillir l'information auprès de votre clientèle cible, vous avez le choix entre un bon nombre de méthodes : le groupe de discussion, le questionnaire (par la poste, par télécopieur, par courrier électronique) et l'entrevue individuelle au téléphone ou en personne. Chacune de ces méthodes a ses avantages et ses inconvénients.

Le groupe de discussion, qui se prépare comme le remue-méninges avec 10 à 15 personnes, vous permet de recueillir un grand volume d'information, mais sur un ou deux sujets à la fois. Il permet d'approfondir certains éléments (par exemple, les caractéristiques du produit ou du service désirées, ou encore la perception de la concurrence). Toutefois, cette méthode ne permet pas de déduire que, si les membres du groupe de discussion sont prêts à acheter le produit ou le service à un prix donné, toute la clientèle cible aura la même intention. Vous pouvez donc utiliser le groupe de discussion au début de votre étude de marché, soit pour vous aider à formuler vos questions pour une enquête ultérieure plus générale, soit pour préciser certaines caractéristiques de votre produit ou de votre service après avoir fait cette enquête.

Le groupe de discussion :
Pour approfondir un sujet, avant ou après une enquête plus générale.

Le questionnaire a cet avantage, s'il est bien fait et bien administré, de permettre de déduire que si 50 % des répondants ont l'intention d'acheter le produit ou le service, 50 % de la clientèle cible aura la même intention. Toutefois, selon la méthode de distribution choisie (poste, télécopieur ou courrier électronique), cette affirmation peut perdre de la valeur.

> Le questionnaire :
> Pour rejoindre plusieurs personnes en même temps.

Le questionnaire transmis par la poste a le désavantage de coûter cher (timbres et photocopies) et de recevoir un taux de réponses d'environ 10 %. Ce même questionnaire, transmis par télécopieur ou par courrier électronique, coûte moins cher et il obtient, généralement, un meilleur taux de réponse (entre 20 % et 25 %). En revanche, tout le monde (individu et entreprise) a une adresse civique et pas nécessairement un télécopieur ou une adresse électronique.

Une façon de procéder avec le questionnaire est de le faire parvenir personnellement aux répondants afin de s'assurer de leur collaboration, puis de revenir le chercher le lendemain. Cette méthode permet de vérifier si le répondant a rempli correctement le questionnaire et de confirmer qu'il correspond au portrait qu'on a fait de la clientèle cible. Cette méthode exige beaucoup de temps, mais elle augmente considérablement le taux de réponses.

> La livraison et la cueillette du questionnaire :
> Si votre marché local est relativement petit, c'est la meilleure façon d'administrer un questionnaire.

Le questionnaire doit être simple et facile à remplir, sinon les répondants ne répondront pas ou, pire, demanderont à quelqu'un d'autre — qui n'est pas nécessairement un représentant de votre clientèle cible — de le faire à leur place.

Vous utiliserez la méthode du questionnaire par la poste, le télécopieur ou le courrier électronique si votre clientèle est très dispersée ou si votre marché géographique est très grand (par exemple, l'ensemble du Québec). Si le territoire visé est petit (un quartier ou une ville), vous aurez avantage à utiliser la méthode de la livraison-cueillette du questionnaire.

> La méthode d'administration du questionnaire :
> Par la poste, le coût est élevé et le taux de réponse, bas ;
> par télécopieur ou par courrier électronique, c'est économique, mais on ne peut joindre tout le monde.

L'entrevue individuelle au téléphone ou en personne a le désavantage de prendre beaucoup de temps. Cependant, elle permet de faire préciser, au moment de l'entrevue, les réponses des personnes que vous interrogez. Dans certains cas, vous pouvez même modifier votre questionnaire si vous vous apercevez qu'une question est mal formulée, ce que vous ne pouvez pas faire avec un questionnaire transmis par la poste.

> L'entrevue en personne :
> Si vous avez peu de clients cibles ou s'ils sont tous regroupés géographiquement en un territoire restreint.

La méthode de l'entrevue en personne est celle à utiliser si vous avez peu de clients cibles, notamment dans les services spécialisés offerts aux entreprises. De votre entrevue d'étude de marché, vous pouvez passer assez rapidement à l'offre de service et au contrat (nous avons souvent vu cette situation). Vous pouvez aussi l'utiliser si votre clientèle cible se trouve à un seul endroit (centre commercial, salle de cinéma, arcades, etc.).

> L'entrevue individuelle au téléphone :
> Si le marché géographique est vaste.

En ce qui concerne l'entrevue par téléphone, elle est utile également pour faire enquête auprès des entreprises qui ont un grand marché géographique. Elle peut cependant être assez dispendieuse en frais d'interurbain. De plus, contrairement à l'entrevue en personne, elle ne permet pas d'être certain que les personnes qui répondent aux questions sont celles qui représentent le marché cible.

> Une façon de stimuler les gens à répondre à votre questionnaire ou à participer à votre entrevue : offrez-leur un incitatif (coupon rabais, stylo, etc.).

7.8 BÂTIR LE QUESTIONNAIRE ET DÉSIGNER L'ÉCHANTILLON

Après avoir fait le choix de la méthode que vous utiliserez pour faire enquête auprès de votre marché cible, il vous faut bâtir votre questionnaire et désigner les personnes qui y répondront (votre échantillon). Débutons par le questionnaire.

7.8.1 Bâtir le questionnaire

Dans votre questionnaire ou votre grille d'entrevue, chaque question devra être rédigée avec soin afin de former un ensemble cohérent et facile à comprendre, tant pour vous que pour le répondant. Voici quelques règles générales à respecter en ce qui concerne le questionnaire ou la grille d'entrevue :

- Commencez par une introduction qui explique les buts de votre étude de marché. Précisez le temps qu'il faudra pour remplir le questionnaire ou réaliser l'entrevue.

- Dans un deuxième temps, posez une ou deux questions de qualification qui vous permettront de décider si le répondant est bien représentatif de votre marché cible ; par exemple, il est essentiel d'avoir des enfants pour répondre à une étude de marché sur les couches jetables.

- Ensuite, s'il y a lieu, donnez les instructions nécessaires pour bien remplir le questionnaire.

- Posez les questions d'ordre général (par exemple, sur la connaissance ou l'utilisation du produit), puis passez aux questions plus précises (par exemple, sur les caractéristiques recherchées, la fréquence et les intentions d'achat ou la perception de la concurrence).

- Dans le cas d'un questionnaire rempli sans aide par les répondants, évitez le plus possible les fourchettes (si oui, passez à la question X, si non, passez à la question Y).

- Posez les questions d'ordre personnel en dernier (âge, revenu, profession, etc.), car les répondants se sentent plus en confiance à la fin. Insistez sur le fait que ces renseignements ne seront utilisés que pour des fins statistiques.

- Terminez votre questionnaire ou votre grille d'entrevue avec des remerciements.

Les questions doivent traiter d'un seul sujet à la fois et ne pas indiquer la réponse dans la question. Par exemple, que répondriez-vous à la question suivante : Seriez-vous intéressé à acheter un produit qui soit bon pour la santé, à un prix compétitif, offert au centre commercial durant l'été et emballé individuellement ? Cette question devrait être scindée en quatre ou cinq questions.

Ou encore, quelle mère ou quel père répondrait non à la question suivante : Pour le bien-être et la sécurité de vos enfants, seriez-vous prêt à acheter mon produit ?

Vous avez aussi le choix entre les questions ouvertes et les questions fermées. Une question ouverte laisse toute latitude au répondant ; par exemple : Que pensez-vous du concurrent X ? Toutefois, les questions ouvertes sont plus difficiles à compiler que les questions fermées, car on obtient un grand nombre de réponses différentes et le vocabulaire utilisé varie d'un répondant à l'autre, même lorsqu'ils expriment la même opinion.

Une question fermée guide le répondant. Par exemple : Dans la liste suivante, cochez les trois critères qui vous font choisir un endroit plutôt qu'un autre pour acheter votre épicerie :

___ localisation

___ rabais

___ stationnement

___ choix

___ fraîcheur des aliments

___ présence d'une marque particulière

___ autres

> Une des façons dont le groupe de discussion peut être utile :
> vous pouvez préparer vos questions fermées en faisant discuter le groupe sur les choix qui pourraient être offerts au répondant.

Idéalement, un questionnaire ou une entrevue au téléphone devrait durer au maximum entre 10 et 15 minutes. Une entrevue en personne peut être plus longue, mais elle ne doit pas excéder 30 minutes.

Une fois votre questionnaire terminé, validez-le auprès d'un petit groupe de personnes afin de vous assurer que les questions sont bien formulées, claires et précises, de même que pour évaluer le temps requis pour y répondre. S'il est trop long, supprimez les questions qui sont moins essentielles.

Pour déterminer si une question est essentielle, demandez-vous ce que vous ferez avec l'information qu'elle vous donnera. Si vous avez de la difficulté à lui trouver une utilité, elle n'est pas essentielle ni pertinente.

> Une étude de marché auprès de la clientèle cible n'est pas l'occasion de vendre votre produit ou votre service, c'est l'occasion de vérifier s'il répond bien aux besoins des clients. Ne vous obstinez pas avec les répondants qui ne se disent pas favorables à votre projet ou à vos idées... ils ont peut-être raison.

7.8.2 Désigner l'échantillon

Votre questionnaire étant terminé, vous devez choisir les personnes qui seront interrogées et en définir le nombre. Ce sont là les questions les plus importantes à régler afin que votre étude de marché produise des résultats généralisables à l'ensemble du marché. Expliquons-nous. Dans un monde idéal, il faudrait que vous interrogiez toutes les personnes qui composent votre marché cible (en statistique, cela se nomme la population). C'est habituellement impossible. Il faut donc que vous en tiriez un échantillon (portion de l'ensemble). Cet échantillon doit être représentatif (c'est-à-dire que les répondants soient en nombre suffisant et aient le profil de votre marché cible) et, si possible, qu'il soit choisi de façon aléatoire (tous ont la même probabilité d'être interrogés).

La meilleure façon d'y arriver, c'est d'avoir accès à une liste de toutes les personnes ou entreprises qui composent le marché cible. On utilise le plus souvent les listes électorales, l'annuaire téléphonique, les répertoires d'entreprises, la liste d'impôt foncier (taxes municipales ou scolaires), etc. De cette liste, on tire notre échantillon en utilisant une méthode basée sur le hasard.

> Les entreprises ont généralement accès à leur propre liste de clients, ce qui n'est pas le cas des entreprises en démarrage. Celles-ci auront donc recours à des listes publiées à d'autres fins que les leurs. Avec de la détermination, il est possible de se débrouiller pour obtenir ces listes. Quelquefois, il faut payer des frais, prévoyez donc en conséquence.

On peut décider, par exemple, qu'on interrogera les 113 personnes qui figurent sur la liste, qu'on arrêtera à toutes les troisièmes inscriptions de la page de gauche, qu'on téléphonera à toutes les personnes dont le numéro de téléphone se termine par 1 ou 4, qu'on sonnera à toutes les trois portes dans le quartier, etc. L'important est de se donner une méthode qui soit juste quant aux probabilités pour chacun d'être interrogé et de conserver la même méthode tout au long de l'étude.

Il est très important de définir le nombre de personnes ou d'entreprises que vous interrogerez. À titre indicatif, un échantillon doit compter au moins 30 personnes ou entreprises afin de pouvoir en tirer des renseignements que nous pourrons généraliser à l'ensemble du marché cible (si 50 % de l'échantillon pense une chose, 50 % de l'ensemble du marché cible devrait penser la même chose).

> Si vous avez un marché qui compte moins de 30 clients potentiels, interrogez le plus grand nombre possible de ceux-ci, et préférablement tous, s'ils sont situés près de chez vous.

Afin de déterminer le nombre exact de répondants requis, vous pouvez utiliser des tables d'échantillonnage que vous trouverez dans tous les volumes de statistique (allez voir à la bibliothèque municipale ou à celles du cégep ou de l'université). Voyons un exemple de l'une de ces tables au tableau 13.

TABLEAU 13

TAILLE DES ÉCHANTILLONS POUR UN DEGRÉ DE CONFIANCE DE **95** %
ET UNE MARGE D'ERREUR DE **5** % (+ OU − **2,5** %)

POPULATION ESTIMÉE **(N) 50** ET PLUS
PROPORTION ESTIMÉE DE LA POPULATION (P)

N Taille de la population	0,50 ou (0,50)	0,33 ou (0,67)	0,25 ou (0,75)	0,20 ou (0,80)	0,15 ou (0,85)	0,10 ou (0,90)
50	44	44	43	42	40	37
75	63	62	60	58	65	49
100	80	77	74	71	66	58
150	108	104	99	93	85	72
200	132	126	118	110	99	82
300	169	160	147	135	119	95
500	217	202	183	165	141	108
1 000	278	253	224	198	164	122
2 000	323	290	252	219	179	129
5 000	356	318	272	234	189	135
10 000	370	329	280	240	192	136
25 000	378	335	284	243	194	138
Beaucoup plus élevée ou inconnue	384	340	288	246	196	138

Source : Gouvernement du Québec, *Connaître ses clients et leurs besoins*, 1992, p. 69.

Certains des éléments de ce tableau méritent que nous y revenions : la détermination de la marge d'erreur et l'estimation de la proportion.

La marge d'erreur est un pourcentage qu'on fixe soi-même selon le degré de précision ou de confiance qu'on veut obtenir à la suite de l'enquête. Une marge d'erreur de 5 % signifie qu'une réponse donnée — par exemple, 28 % des gens ont dit oui — peut varier, en réalité, entre 25,5 % et 30,5 % (soit 2,5 % de chaque côté). Elle signifie aussi que dans 95 % des cas, la réponse obtenue sera exacte. Dans ce même exemple, si nous avions pris 10 % de marge d'erreur, notre réponse de 28 % aurait pu varier, en réalité, entre 23 % et 33 % et nous aurions eu une bonne réponse dans 90 % des cas.

Cette marge d'erreur que nous accordons est importante. Plus celle-ci est grande, moins l'échantillon est grand, ce qui fait moins de gens à interroger. Par contre, plus elle est grande, plus on risque de se tromper dans les conclusions. L'inverse est également vrai.

La proportion est une donnée que vous définissez vous-même en estimant le pourcentage de personnes qui devraient répondre d'une façon favorable à la question essentielle de votre étude de marché. Par exemple, supposons une question qui vise à connaître le nombre de personnes qui ont l'intention d'acheter chez vous. Si vous pensez que la proportion de réponses favorables sera de 30 %, c'est ce pourcentage que vous utiliserez dans le tableau 13 pour trouver le nombre de personnes à inclure dans votre échantillon.

En cas d'incertitude quant à la proportion potentielle, il est suggéré d'utiliser 50 %, en supposant que les réponses des gens seront partagées à part égale.

Pour établir cette proportion, il existe deux moyens : en procédant à la validation du questionnaire auprès d'un petit groupe de personnes, ou en discutant avec des gens du secteur d'activité pour obtenir leur opinion sur la question.

La proportion est une donnée dont l'effet est semblable à celui de la marge d'erreur : plus cette proportion est grande, moins on a de gens à interroger et plus on risque de se tromper dans les conclusions.

À titre d'illustration, à l'aide du tableau 13, identifions l'échantillon requis si nous avons une population de 5 000 personnes et que nous estimons la proportion à 20 % en faveur et à 80 % en défaveur. Dans la première colonne, rendons-nous à la ligne correspondant à 5 000 personnes ; ensuite, suivons cette ligne jusqu'à la colonne titrée 0,20 ou (0,80) : nous voyons que nous devrons interroger 234 personnes si l'on veut obtenir une marge d'erreur de 5 % et un degré de confiance de 95 %.

EXERCICE 23

MON ÉTUDE DE MARCHÉ EN RÉSUMÉ

Quelle sera la méthode utilisée pour faire mon étude de marché ? Pourquoi l'ai-je choisie ?

_____
_____
_____
_____
_____

Quelles sont la proportion et la marge d'erreur qui seront utilisées pour établir mon échantillon ?

_____
_____
_____

Mon échantillon comptera combien de personnes ? _____

7.8.3 Compiler et analyser les données

Après avoir terminé votre enquête, vous devez en compiler les résultats : faire des moyennes, bâtir des tableaux et des graphiques, et tirer les conclusions qui s'imposent. N'oubliez pas votre marge d'erreur ; si 10 % des gens ont dit oui et que vous aviez une marge d'erreur de 10 %, il est possible que personne ne soit réellement intéressé !

Pour vous aider dans cette compilation, procédez à la codification des réponses afin de travailler avec des chiffres et non avec des mots ; par exemple, oui = 1, non = 2, femme = 1, homme = 2, etc. Les questions fermées sont faciles à codifier, puisque le nombre de réponses possibles est prédéterminé.

Les réponses ouvertes sont plus difficiles à codifier. Pour y arriver, regroupez les réponses qui se ressemblent ou qui vous paraissent identiques ; par exemple, bleu, marine, indigo sont des couleurs qui se ressemblent beaucoup. Dans le doute, cependant, établissez des catégories différentes ; par exemple, « oui » et « probablement » se ressemblent, mais pas suffisamment pour en faire une réponse identique ou unique.

Si vous avez accès à un logiciel de base de données ou à un chiffrier électronique (ou si vous avez un ami qui y a accès), vos calculs en seront facilités. Vous pouvez cependant compiler vos données manuellement. Armez-vous de feuilles quadrillées, d'un crayon, d'une gomme à effacer, d'une calculette et... de patience.

Nous vous suggérons de vous procurer un volume qui traite de statistiques ou d'études de marché. En ce qui nous concerne, nous travaillons à l'aide des deux ouvrages suivants :

D'ASTOUS, Alain. *Le projet de recherche en marketing*, 3e édition, Montréal Chenelière / McGraw-Hill, 2005.

GOUVERNEMENT DU QUÉBEC. *Connaître ses clients et leurs besoins : guide pratique d'analyse des besoins*, Québec, Les Publications du Québec, 1992.

L'ouvrage d'Alain D'Astous est plus technique et convient à tous les types d'entreprise. Celui du gouvernement du Québec est plus simple d'approche et est particulièrement utile aux entreprises de services.

7.8.4 Évaluer votre chiffre d'affaires potentiel

Une des réponses que devrait fournir l'étude de marché est l'évaluation de votre chiffre d'affaires potentiel. Il existe essentiellement deux façons d'y arriver, soit en évaluant la part de marché qui vous est accessible par rapport à la demande totale, soit en déterminant les intentions d'achat de la clientèle cible. Dans les deux cas, il est nécessaire d'avoir une connaissance approfondie de la concurrence. Cette connaissance proviendra de votre expérience dans le secteur d'activité et de votre étude de marché auprès de la clientèle cible.

La première méthode exige que vous ayez accès à des données sur la demande totale, soit les dépenses annuelles du marché cible pour satisfaire le même besoin ou se procurer le même produit ou service. Pour ce faire, consultez les sources d'information que nous avons mentionnées dans ce chapitre et dans les chapitres précédents.

Par exemple, si vous avez découvert que la demande totale annuelle pour votre marché cible est de 1 million de dollars, vous devez ensuite déterminer la part de ce million qui est vendue par chacun de vos concurrents. (Nous vous l'accordons, ce n'est pas facile à trouver.)

Il existe différentes méthodes, selon votre secteur d'activité, pour évaluer les parts de marché de vos concurrents.

Pour les entreprises commerciales, il existe des statistiques sur les ventes moyennes au pied carré (Statistique Canada, *Recueil des études de marchés*). Ainsi, visitez vos concurrents afin d'évaluer la superficie de leur magasin et multipliez cette superficie par les ventes moyennes au pied carré des entreprises du même secteur.

Pour les entreprises manufacturières, en plus de se servir des statistiques, il est possible d'établir la part du marché des concurrents en calculant la capacité de production, le nombre d'employés, le nombre de camions de livraison, etc., que ces derniers détiennent par rapport à l'industrie entière. Par exemple, si le total des emplois de vos concurrents est de 100 dans la région où vous voulez vendre, présumez qu'une entreprise ayant 10 employés possède 10 % du marché. Comme ces méthodes ne sont pas scientifiques, nous vous suggérons d'en utiliser deux ou trois différentes afin d'en arriver à une évaluation plus réaliste.

Pour les entreprises de services, il peut être utile de procéder, comme pour les entreprises manufacturières, au calcul du nombre d'employés.

Cependant, rien ne vaut une enquête auprès de la clientèle cible. Demandez à vos répondants où ils se procurent généralement le produit ou le service en question. En compilant et en répartissant les pourcentages obtenus par concurrent, vous obtenez ainsi leur part de marché respective.

Avec cette donnée essentielle en main, évaluez ensuite la part que vous pouvez aller chercher au moyen d'une bonne mise en marché. Par exemple, il vous serait possible d'atteindre 10 % du marché en grignotant 1 % par concurrent, si vous offrez un meilleur service après-vente, une meilleure qualité, un emplacement mieux choisi, etc.

La seconde façon d'évaluer votre chiffre d'affaires potentiel est d'évaluer les intentions d'achat de votre marché cible. Pour y arriver, vous devez poser une question à ce sujet dans votre enquête. Par exemple : Comment dépensez-vous par année pour ce produit ou ce service ? À quelle fréquence (une fois par mois, une fois par année, quatre fois par semaine, etc.) ? Si une entreprise offrait le même produit ou service, mais avec un meilleur service après-vente, une meilleure qualité, un meilleur emplacement, etc., diriez-vous que vous y achèteriez une fois pour essayer, chaque semaine, une fois par mois, etc. ?

Mise en garde : Les questions posées dans le paragraphe précédent y sont à titre indicatif. Posez vos propres questions sur les intentions d'achat en tenant compte de votre produit ou de votre service, de la fréquence habituelle de son achat, des avantages nouveaux que vous ajoutez, etc.

Grâce aux réponses à ces questions et à la suite de quelques calculs, vous pouvez arriver à calculer votre chiffre d'affaires potentiel. Remarquez que nous disons *potentiel*. Rien ne permet d'affirmer que vous atteindrez ce montant. Votre travail d'entrepreneur et de gestionnaire consiste à vous assurer que toutes les ressources de l'entreprise sont mises à contribution pour répondre aux besoins de la clientèle et pour atteindre et même dépasser le chiffre d'affaires potentiel que vous aurez évalué dans votre étude de marché.

EN RÉSUMÉ

Faire une étude de marché exige beaucoup de travail : il faut bâtir un questionnaire, éplucher les statistiques, interroger des gens, etc. Le jeu en vaut cependant la chandelle. L'information recueillie vous permettra de prendre les bonnes décisions pour la suite de votre projet.

Avant de procéder à la prochaine étape, faites l'exercice 24 qui reprend les questions soulevées à l'exercice 18 au début de ce chapitre. Vérifiez si vos réponses ont changé à la suite de votre étude de marché.

EXERCICE 24

LES RÉSULTATS DE MON ÉTUDE DE MARCHÉ — REPRISE

Quel est mon marché cible?

_____
_____
_____

Qui sont mes concurrents et quelles sont leurs forces et leurs faiblesses?

_____
_____
_____

À quels besoins répondront mes produits ou mes services? Comment?

_____
_____
_____

À quel endroit devrait être située mon entreprise pour joindre ma clientèle?

_____
_____
_____

Quelles seront mes stratégies de promotion, de publicité, de vente ou de distribution?

_____
_____
_____

Mes ventes pourront être de _____ $ compte tenu de la clientèle et de la concurrence.

8 > Les ressources nécessaires à la réalisation et au financement de mon projet

Vous connaissez maintenant votre marché et vous avez déterminé la quantité, le degré de qualité et les caractéristiques du produit ou du service que vous leur offrez. Il est temps maintenant d'évaluer la faisabilité et la rentabilité de votre projet d'entreprise. Pour réaliser votre projet, vous aurez besoin de ressources matérielles, humaines et financières. Dans ce chapitre, nous verrons comment vous pouvez estimer vos besoins en ressources, puis, au moyen de cette information, évaluer le réalisme et la rentabilité du projet.

8.1 LES RESSOURCES MATÉRIELLES

Pour démarrer et pour exploiter votre entreprise, vous aurez besoin de ressources matérielles (local, équipement, informatique, mobilier, outillage, matières premières ou biens à revendre, etc.). Afin d'évaluer la quantité et le potentiel de rendement de ces biens, vous avez besoin de l'évaluation de votre chiffre d'affaires potentiel.

À l'aide de cette donnée, vous pouvez estimer la quantité de biens que vous devrez fabriquer ou revendre — ou le nombre d'heures ou d'actes professionnels que vous devrez facturer —, du moins pour la première année. Compte tenu de ce rendement qui vous est demandé par la clientèle cible, il vous faut maintenant évaluer de nombreux éléments reliés aux ressources matérielles.

Pour répondre aux questions qui suivent, outre votre connaissance du secteur d'activité, vous pourrez puiser aux mêmes sources d'information que nous avons mentionnées dans les chapitres précédents ; par exemple, le Centre de recherche industrielle du Québec et les Pages jaunes pour les fournisseurs de biens à revendre ou d'équipement, le Centre local de développement (CLD) pour les fournisseurs locaux ou autres types d'information comme les locaux à louer, leur coût, les services spécialisés offerts en région, etc., le Centre local d'emploi (CLE) pour les salaires moyens et l'offre de la main-d'œuvre, etc.

Si vous démarrez une entreprise commerciale (vente au détail), posez-vous les questions suivantes :

- Pour répondre à la demande de ma clientèle, quelle quantité de biens à revendre dois-je avoir en inventaire pour le démarrage de mon entreprise ?

- Qui va me fournir ces biens, à quel prix et avec quel délai de livraison ?

- Ce stock initial sera-t-il stable ou sera-t-il en augmentation ou en diminution durant l'année ?

- Le local (loué, acheté ou à domicile) a-t-il besoin d'aménagements ? Lesquels (décoration, tablettes, etc.) ? À quel coût ? Qui va procéder à ces aménagements ?

- De quel équipement aurai-je besoin (caisse enregistreuse, micro-ordinateur, etc.) ? Qui pourra me le fournir ? À quel prix et à quelles conditions ?

Si vous démarrez une entreprise de service, les questions essentielles sont les suivantes :

• De quel équipement (informatique, bureautique, etc.) aurai-je besoin pour répondre à la demande ? Qui pourra me le fournir ? À quel prix ?

• De quelles fournitures aurai-je besoin ? Lesquelles, combien, de qui et à quel prix ?

• Le local (loué, acheté ou à domicile) a-t-il besoin d'aménagements ? Lesquels (décoration, tablettes, etc. ?) À quel coût ? Qui va procéder à ces aménagements ?

Si vous exploitez une entreprise manufacturière, répondez aux questions suivantes :

• Pour satisfaire la demande de ma clientèle, quelle quantité de matières premières dois-je avoir en inventaire pour le démarrage de mon entreprise ?

• Qui va me fournir ces biens, à quel prix et avec quel délai de livraison ?

• Ce stock initial sera-t-il stable ou sera-t-il en augmentation ou en diminution durant l'année ?

• Le local (loué, acheté ou à domicile) a-t-il besoin d'aménagements ? Lesquels (décoration, tablettes, entrepôt à construire, etc.) ? À quel coût ? Qui va procéder à ces aménagements ?

• De quel équipement aurai-je besoin (machinerie, outillage, chariot élévateur, etc.) ? Quel devra être leur rendement de production ? Qui pourra me les fournir ? À quel prix et à quelles conditions ?

• Quel est le coût de fabrication unitaire de mon produit : quantité de matières premières et de fournitures, temps de la main-d'œuvre, emballage, etc. ?

Quel que soit le type d'entreprise, vous devrez également déterminer le coût d'acquisition, de construction ou de location de votre lieu commercial, en y incluant tous les frais connexes, tels les honoraires de l'architecte, les taxes, les permis de construction, etc.

EXERCICE 25

MES BESOINS EN RESSOURCES MATÉRIELLES

Inventaire et fournisseurs :

_____

_____

_____

_____

Local :

_____

_____

_____

_____

Équipement :

_____

_____

_____

_____

8.2 LES RESSOURCES HUMAINES

En connaissant la demande, le type d'équipement ou d'outillage utilisés et les activités à accomplir, vous pouvez maintenant déterminer le nombre de personnes qu'il vous faut et les compétences qu'elles doivent posséder pour répondre aux besoins de votre clientèle cible. Afin d'évaluer les ressources humaines nécessaires à vos objectifs, répondez aux questions suivantes :

- Quelles sont les tâches à accomplir? Combien de temps prendra l'exécution de ces tâches (par semaine, par mois, par année)? La charge de travail est-elle régulière, saisonnière ou ponctuelle? Vais-je suffire à cette demande?

- Si non, combien de personnes seront nécessaires afin de répondre à la demande?

- Quelles sont les compétences requises (formation et expérience) pour faire fonctionner l'équipement, pour répondre à la clientèle, pour rendre le service, etc.?

- Quel est le salaire moyen de ces personnes?

- Auront-elles besoin de formation en entreprise? Quel en sera le sujet? Qui donnera cette formation? Quel en sera le coût?

- Comment ces personnes seront-elles recrutées? Aurez-vous à assumer des frais associés au recrutement?

À l'aide de ces renseignements, vous êtes en mesure d'évaluer le coût au démarrage (recrutement et formation) des ressources humaines de même que les frais annuels de ces ressources.

Naturellement, si vous suffisez à la tâche ou êtes travailleur autonome, vous n'avez pas à vous préoccuper des ressources humaines.

EXERCICE 26

MES BESOINS EN RESSOURCES HUMAINES

Tâches à accomplir :

_____

_____

_____

Compétences requises :

_____

_____

_____

Nombre requis :

_____

_____

_____

Recrutement :

_____

_____

_____

Formation :

_____

_____

_____

8.3 LES RESSOURCES FINANCIÈRES

Pour financer ces ressources humaines et matérielles, et pour démarrer votre entreprise, outre les sommes que vous injecterez personnellement, vous pouvez avoir recours à votre famille, à des amis, à des associés, à des investisseurs privés, à des banques, à des caisses populaires, à des sociétés ou à des organismes gouvernementaux. Lorsque votre entreprise sera en activité, vous vous servirez des profits qu'elle engendrera.

Afin d'obtenir des fonds pour votre entreprise en devenir, il suffit (!) de présenter un projet réaliste et réalisable, d'offrir de bonnes garanties (facilement négociables) et, *surtout*, de convaincre le prêteur que vous êtes la personne idéale pour mener au succès votre projet.

Les décisions des prêteurs reposent sur des critères formels et informels. Les critères formels sont de nature économique (les garanties, la capacité à rembourser et votre propre mise de fonds par rapport à la leur) et de nature administrative (le secteur d'activité dans lequel vous désirez diriger votre entreprise, le budget dont ils disposent pour des prêts et, chose assez rare, les subventions possibles). De façon informelle, ils se basent sur leur perception du type de gestionnaire que vous êtes et de vos chances de succès, bref, de vos compétences (voir les principes de réussite en affaires dans le chapitre 1). Ce dernier critère fait souvent la différence entre un oui et un non.

Voyons maintenant quelles sont les sources de financement dans lesquelles vous pourrez puiser pour démarrer votre projet d'entreprise.

TABLEAU 14

LES SOURCES DE FINANCEMENT

- Mise de fonds et garanties
- *Love money*: famille et amis
- Associés ou partenaires
- Institutions financières
- Gouvernements
- Investisseurs privés
- Les profits de l'entreprise

8.4 LES SOURCES DE FINANCEMENT

8.4.1 La mise de fonds

Naturellement, la première source de financement à considérer est votre propre mise de fonds et celle de vos associés, le cas échéant. Celle-ci déterminera en grande partie le montant que vous pourrez recueillir auprès d'investisseurs externes. D'une façon générale, votre mise de fonds doit représenter au moins 20 % du coût total du projet ; par exemple, si votre projet coûte 20 000 $, vous devrez investir au minimum 4 000 $. Ce pourcentage peut augmenter, parfois même jusqu'à 50 % ou 75 %, selon le risque que comporte votre secteur d'activité. Le montant de la mise de fonds dépend également de ce que vous désirez financer : selon qu'il s'agit d'un immeuble ou d'un inventaire de biens périssables, par exemple, le taux de mise de fonds minimum varie considérablement.

Dans la mise de fonds, outre les liquidités (argent comptant), on peut inclure les garanties (maison, placements) et les transferts d'actif (voiture ou camion, bâtisse, micro-ordinateur, etc., qu'on « donne » à l'entreprise).

Une façon peu coûteuse d'augmenter votre mise de fonds est de puiser dans ce qu'on nomme le *love money*. Le *love money* provient de dons ou de prêts à très long terme consentis par la famille ou par les amis. Bien que les montants recueillis auprès de chacun ne soient pas nécessairement importants (l'un donnera 1 000 $, l'autre 100 $, etc.), la somme finale peut augmenter sensiblement la mise de fonds, et ce, d'autant plus si les associés font de même.

Lorsque vous aurez amassé votre mise de fonds, que vous saurez exactement ce qu'il vous manque en argent pour démarrer votre entreprise et que votre plan d'affaires sera terminé, vous serez prêt pour la recherche de financement extérieur.

8.4.2 Les institutions financières

Après avoir investi une mise de fonds personnelle, vous pouvez recourir aux institutions financières (trusts, fiducies, banques ou caisses) pour compléter votre financement. Les organismes gouvernementaux sont à considérer comme des sources de financement complémentaire ou de dernier recours, bref, des endroits où aller en dernier lieu pour obtenir le petit « coup de pouce » final.

Au sein des institutions financières, il est possible d'obtenir des prêts à court, moyen ou long termes, selon vos besoins. Ainsi, pour parer aux dépenses courantes, la marge de crédit est recommandée et elle est habituellement garantie par les comptes-clients, les stocks et vos garanties personnelles.

Pour financer l'achat de votre équipement et de votre outillage, vous pourrez contracter un prêt à moyen terme garanti par ce même équipement et ces outils (hypothèque mobilière). Le terme du prêt dépendra en grande partie de la durée de vie du bien. Par exemple, vous obtiendrez le financement d'une automobile pour une durée de cinq ans au maximum, alors que cette période s'étendra à deux ans pour un ordinateur. Dans les cas où vous possédez un terrain, une bâtisse ou une maison, vous pourrez vous prévaloir d'une hypothèque immobilière.

Les institutions financières offrent également des prêts aux petites entreprises. Ces prêts sont offerts grâce à un programme du gouvernement fédéral, géré par les institutions financières. Dans ce programme, le gouvernement fédéral se porte garant de 75 % de l'emprunt de l'entreprise pour l'achat d'équipement, d'outillage ou d'une bâtisse. Cette forme d'aide comporte des frais pour l'analyse du dossier et une légère surprime sur le taux d'intérêt préférentiel ; toutefois, la garantie du gouvernement rassure les institutions financières.

8.4.3 Les gouvernements

Les gouvernements fédéral et provincial offrent des programmes d'aide financière. Habituellement, ces programmes prennent la forme de garanties de prêts. Il n'existe actuellement que quelques programmes de subvention dont les budgets sont peu élevés et les critères d'admission très étroits. Les entreprises manufacturières ont le plus de chance d'être admissibles à de tels programmes. En ce qui concerne les entreprises commerciales ou de services, il n'existe virtuellement aucun programme d'aide financière.

Certains programmes d'aide visent des clientèles particulières, par exemple, les jeunes (moins de 35 ans) et les bénéficiaires de la sécurité du revenu ou de l'assurance-emploi. D'autres visent certains secteurs d'activité tels que la culture, la fabrication, l'environnement ou les technologies de pointe. Dresser la liste des quelque 500 programmes d'aide est une tâche surhumaine, qui dépasse les objectifs de ce guide. Nous vous proposons ci-dessous quelques références afin d'effectuer une recherche sur les programmes d'aide. Votre CLD, surtout, peut vous être d'une infinie utilité dans cette recherche.

 Quelques sites Internet d'intérêt pour votre recherche sur les programmes et les organismes d'aide au démarrage d'entreprise

Stratégis : www.strategis.ic.gc.ca

Développement économique Canada pour les régions — Québec : www.dec.ced.ca

Infoentrepreneurs : www.infoentrepreneurs.org

Portail « entreprise » du gouvernement du Québec : www.gouv.qc.ca

Certains critères s'appliquent à la majorité des programmes gouvernementaux. Premièrement, l'entreprise ne doit pas créer de concurrence déloyale ; si des entreprises sont déjà en place, le gouvernement serait mal venu de subventionner une nouvelle entreprise qui risque de leur enlever leur clientèle.

Deuxièmement, l'entreprise devra créer des emplois, généralement trois à l'intérieur d'une période de deux à trois ans, selon les programmes. Enfin, l'entreprise devra prouver sa rentabilité future, de même que démontrer que l'aide gouvernementale est essentielle à la réalisation du projet.

8.4.4 Les investisseurs privés

Il existe deux sortes d'investisseurs privés : les particuliers et les sociétés de capital de risque privées. Vous pouvez, normalement, répertorier les sociétés de capital de risque par l'entremise de votre CLD. Il est plus difficile de trouver les investisseurs particuliers.

Pour atteindre ces personnes, vous pouvez demander à des notaires, à des avocats, à des comptables, à des directeurs de banques ou à des gérants de caisses, ou encore à des consultants d'en parler à leurs clients. Si l'un deux se montre intéressé, il communiquera avec vous. De la même façon, vous pouvez solliciter ces professionnels pour qu'ils vous aident à chercher des associés.

En dernier recours, vous pouvez faire paraître une petite annonce dans les journaux.

Ces investisseurs (sociétés ou particuliers) vous prêteront de l'argent ou investiront avec vous dans l'entreprise, devenant ainsi copropriétaires. Ces gens recherchent habituellement des projets à fort potentiel de croissance, même s'ils présentent quelque risque, au départ. Ils recherchent les profits, mais ils sont souvent prêts à attendre quelques années avant de voir leur espoir récompensé.

➡ Préparez-vous à rencontrer les bailleurs de fonds

Lorsque vous aurez repéré les institutions ou les personnes auxquelles vous demanderez du financement, munissez-vous de votre plan d'affaires (le prochain chapitre) et prenez rendez-vous. (Il n'y a rien de pire que de vous présenter sans avoir pris rendez-vous. Le prêteur vous recevra probablement quand même, mais il vous tiendra rigueur d'avoir compliqué son emploi du temps et de l'avoir empêché de se préparer à la rencontre.)

Avant la rencontre, assurez-vous de connaître à fond l'information contenue dans votre plan d'affaires. Soyez prêt à répondre à toutes les questions par une réponse claire et nette ou à donner une raison valable qui explique pourquoi une information n'est pas essentielle pour vous (sans avoir l'air de renier la pertinence de la question). Mettez-vous à la place de l'autre et posez-vous les questions que vous poseriez à sa place. Finalement, ayez confiance en vous, car vous lui offrez un moyen de faire de l'argent grâce à vous.

Si vous essuyez un refus, ne vous découragez pas. Prenez le temps d'analyser le déroulement de la rencontre et de comprendre les raisons qui ont motivé le refus. Si vous ne vous expliquez pas le motif de l'investisseur, demandez-lui pourquoi il refuse votre « offre ». Corrigez la situation dans l'éventualité d'une prochaine rencontre avec le même prêteur ou avec un autre. Parfois, il faut frapper à la porte de plusieurs institutions financières avant de trouver celle avec qui on fera affaire. Dans certains cas, le refus n'a rien à voir avec l'entrepreneur ni avec le projet. On a déjà vu des institutions financières refuser systématiquement des projets dans des secteurs d'activités donnés parce qu'elles avaient connu des échecs ou des pertes dans ce secteur, alors qu'une autre institution financière n'a obtenu que des succès dans ce même secteur. Alors, cherchez !

Une façon très intéressante d'aborder les institutions financières est d'être envoyé par un de leurs clients... à succès. Voilà un rôle que votre parrain ou votre marraine d'affaires saurait remplir à merveille.

Jean B. est allé demander une marge de crédit de 6 000 $ à son institution financière. Il a présenté son plan d'affaires, a répondu aux questions et est retourné chez lui pour attendre la réponse à sa demande d'emprunt.

Le lendemain soir, vers 21 h 30, le téléphone sonne. L'agente de crédit commercial est au bout du fil. Elle désire obtenir plus de renseignements sur le plan d'affaires de Jean. Voici les questions qu'elle a posées.

— Pourquoi n'avez-vous pas inclus l'achat d'un micro-ordinateur pour faire votre tenue de livres et pour gérer votre inventaire, non plus que l'achat d'un téléphone cellulaire dans votre plan d'affaires ?

— Pour vous tenir au courant des découvertes technologiques dans votre secteur, comment allez-vous procéder ?

— Pourquoi désirez-vous exploiter votre entreprise à la maison, alors qu'il y a un grand nombre de locaux à louer dans votre municipalité ?

Jean a répondu qu'il préférait apprendre la manière traditionnelle pour effectuer la tenue de livres et la gestion des stocks avant de confier le tout à un micro-ordinateur parce qu'il maîtriserait mieux ses affaires ainsi, surtout au démarrage. Pour le téléphone cellulaire, il considérait que la dépense était prématurée et qu'il attendrait d'en avoir besoin.

En ce qui concerne l'évolution technologique dans son secteur d'activité, il a fait part de son intention de participer à des séances de formation données par les fabricants des produits qu'il vendrait, cela étant la meilleure façon de se tenir à la fine pointe de la technologie dans son secteur.

Finalement, il lui a expliqué que louer un local coûterait plus cher que diriger son entreprise à domicile. « Plus tard, a-t-il ajouté, si la demande le justifie, et seulement si j'en ai les moyens, je déménagerai dans un local à l'extérieur. »

Jean a donné les bonnes réponses aux questions posées par l'agente de crédit et, deux jours plus tard, sa demande de marge de crédit était acceptée.

➡ Se lancer avec très peu d'argent en poche

Lorsqu'on démarre son entreprise et durant les premiers mois d'exploitation, il faut surveiller de près ses entrées et ses sorties de fonds. On peut utiliser quelques petits trucs pour économiser et pour retarder les grosses sorties d'argent. Il va sans dire que l'entreprise doit payer ses dettes, mais il existe certaines façons de retarder légalement les plus grosses dépenses. Nous résumons ces trucs au tableau 15.

TABLEAU 15

13 TRUCS POUR QUE ÇA COÛTE MOINS CHER AU DÉMARRAGE

1. Louez plutôt que d'acheter.
2. Maintenez les stocks au minimum.
3. Exploitez votre entreprise à domicile.
4. Négociez des marchandises en consignation.
5. Débutez à temps partiel (en conservant votre emploi).
6. Vendez «en gros», si possible, et faites-vous payer d'avance par vos clients.
7. Ne traitez qu'avec des fournisseurs qui accordent du crédit.
8. Commencez «petit» et surveillez vos dépenses.
9. Demandez à vos employés qu'ils investissent avec vous ou qu'ils se servent de leurs propres outils (si cela est possible).
10. Faites tout vous-même.
11. Annoncez votre produit ou votre service et produisez selon la demande.
12. Utilisez tous les trucs fiscaux associés à la PME et aux taxes de vente.
13. Négociez des échanges avec vos fournisseurs.

---

1. Louez plutôt que d'acheter

Grâce aux nouvelles formes de crédit-bail et de location-achat, il est relativement facile de se procurer l'équipement dont on a besoin sans débourser l'argent dans l'immédiat. Les liquidités dont on dispose peuvent alors servir à combler le fonds de roulement, à payer les stocks, à faire de la publicité, etc.

2. Maintenez les stocks au minimum

Les entrepreneurs ont tous la même habitude : au lancement de l'entreprise, la valeur des stocks est très élevée. Les entrepreneurs débutants veulent tant satisfaire le client qu'ils mobilisent ainsi une somme d'argent considérable... sur des étagères ! Avant de tomber dans ce piège, assurez-vous de vos besoins réels. Il serait probablement plus facile de commander en fonction de la demande.

3. Exploitez votre entreprise à domicile

Commencer ses activités à domicile n'a rien de honteux, au contraire. Saviez-vous que l'entreprise à domicile est le type d'entreprise qui croît le plus rapidement en Amérique de Nord ? (Consultez à ce sujet deux ouvrages fort pertinents : *En affaires à la maison*, de Brigitte Van Coillie-Tremblay et Yvan Dubuc, et *Profession : travailleur autonome*, de Sylvie Laferté et Gilles Saint-Pierre.)

Les avantages de faire affaire à domicile sont nombreux : on ne paie qu'un seul loyer, on peut déduire certaines dépenses de la maison comme étant des dépenses de l'entreprise, on économise sur les frais de transport et de nourriture, on vit près de la famille, on bénéficie d'un horaire flexible, on conserve tous ses dossiers au même endroit, etc.

Bien sûr, comme toute bonne chose, il y a des inconvénients : les appels téléphoniques de la famille et des amis (on est à la maison après tout), la tendance soit à travailler trop, soit à prendre des pauses trop longues, le peu de contact avec les gens de l'extérieur et la difficulté à se motiver, les clients qui viennent le soir, les fins de semaine et aux heures de repas, la perte d'une partie de sa vie privée et de son espace domestique, etc.

Heureusement, ces inconvénients peuvent être surmontés au moyen d'une gestion du temps serrée, de discussions « sérieuses » avec la famille et les amis, et d'un peu de bénévolat afin de garder ses réseaux de contacts. Chacun peut trouver des solutions innovatrices pour surmonter ces petits problèmes.

4. Négociez des marchandises en consignation

Quand vous irez rencontrer vos fournisseurs, demandez-leur de vous laisser en consignation les produits que vous avez à revendre. S'ils acceptent, vous ne paierez les produits en consignation que lorsqu'ils seront vendus.

5. Débutez à temps partiel (en conservant votre emploi)

Une bonne façon d'économiser et, surtout, de ne pas mettre tous ses œufs dans le même panier, c'est de commencer les activités de votre entreprise à temps partiel. Ne quittez votre emploi que lorsque les revenus de votre entreprise le permettent.

Quelques conseils pour exploiter une entreprise à domicile

Que votre entreprise ait pignon sur rue ou qu'elle soit à domicile, vous devez faire vos « devoirs », c'est-à-dire rédiger un plan d'affaires, participer aux séances de formation dont vous avez besoin pour bien gérer votre entreprise, et vous informer des règlements municipaux et des règlements en ce qui a trait aux employés d'une entreprise située à domicile. Surtout, ne négligez pas votre étude de marché. Il est essentiel de bien connaître vos clients potentiels et leurs besoins.

Comme toute entreprise, vous devez choisir le nom (raison sociale) de votre entreprise avec soin. La raison sociale est souvent le premier contact que le client a avec l'entreprise. Elle doit refléter adéquatement ce que vous faites, tout en étant accrocheuse et facile à reconnaître.

Considérez également que vous ne pouvez vous permettre de travailler en pyjama parce que votre domicile devient votre entreprise : vous ne savez jamais quand un client peut survenir. Avons-nous besoin de vous dire que le ménage doit être fait et que l'accès à votre lieu de travail doit être propre, sans « traîneries personnelles » ? Évitez, si possible, les cris d'enfants et les bruits inopinés au moment d'une conversation téléphonique ou d'une rencontre avec un client. Insistez auprès de votre famille sur l'importance de l'accueil des clients et sur l'utilisation du téléphone. Au mieux, ayez une ligne réservée à votre entreprise.

Votre entreprise étant toute petite, vous devez vous spécialiser le plus possible, car il est inutile de courir deux lièvres à la fois. Cela ne devra cependant pas vous empêcher d'avoir accès à de l'équipement adéquat (télécopieur, photocopieur, micro-ordinateur, etc.) et de participer à la vie sociale et économique de votre localité. La solitude est votre pire ennemie : sortez et rencontrez des gens.

Finalement, évitez les distractions et soyez ferme avec les parents et les amis. N'hésitez pas à demander à des proches « envahissants » de revenir après cinq heures. Vous êtes au travail après tout !

---

6. Vendez en gros, si possible, et faites-vous payer d'avance par vos clients

Si vous fabriquez un produit, il est beaucoup plus facile de le vendre en gros (à des détaillants) que de le vendre directement aux consommateurs. Les efforts de marketing (vente et publicité) sont moins compliqués lorsque vous vendez directement aux entreprises. Vous ne livrerez qu'à quelques endroits et n'aurez que quelques comptes-clients. Demandez un acompte à vos clients et exigez d'être payé sur livraison. Ainsi, vous n'aurez pas à soutenir de crédit.

7. Ne traitez qu'avec des fournisseurs qui accordent du crédit

Quand vous négociez avec un fournisseur, s'il ne veut pas vous accorder de crédit, allez voir ailleurs. Vous finirez par trouver quelqu'un qui veuille vous faire crédit. Cependant, payez vos comptes à temps. Un fournisseur qui n'est pas payé à temps est en droit de vous exiger de payer sur livraison pour les commandes subséquentes. (À noter qu'en temps de transformation économique, comme ce que nous vivons maintenant, la majorité des fournisseurs ne font crédit que lorsque l'entreprise cliente a fait ses preuves. Demandez quand même à bénéficier d'un délai pour payer vos achats, on ne sait jamais!)

8. Commencez « petit » et surveillez vos dépenses

Il est tentant de voir grand et de se doter de tout le stock et de l'équipement possibles. Mais c'est dangereux. Limitez-vous au nécessaire, à l'essentiel. Quand vous achèterez votre équipement, votre mobilier et vos fournitures, prévoyez un budget et respectez-le. Ne tombez pas dans le panneau du « c'est un bon *deal* »! Si vous n'en avez pas besoin, c'est trop cher.

9. Demandez à vos employés qu'ils investissent avec vous ou qu'ils se servent de leurs propres outils (si cela est possible)

Selon le secteur d'activité dans lequel vous êtes, il peut être possible de demander à vos employés, si vous en avez, qu'ils utilisent leurs propres outils (ébénisterie, mécanique, réparations diverses). Cela vous permettra d'économiser sur l'outillage. Vous pouvez aussi proposer à vos employés qu'ils investissent avec vous en retour d'une participation au profit.

10. Faites tout vous-même

Il y a beaucoup de travaux que vous pouvez sûrement faire vous-même : vos améliorations locatives, votre étude de marché, vos démarches d'enregistrement auprès des diverses autorités gouvernementales, le prototype de votre produit ou de votre service, votre papeterie (factures, cartes professionnelles), etc. N'allez voir les professionnels ou les spécialistes que si vous avez un doute sur la validité de votre information ou sur votre capacité à réaliser vous-même ces travaux. Même dans ce cas, préparez-vous adéquatement.

Lorsque vous consultez des professionnels ou des spécialistes (avocat, notaire, comptable), ayez en main tous les renseignements nécessaires. Préparez-vous en vous informant sur ce qu'ils vont exiger comme information avant d'effectuer le travail. Les comptables exigent toutes les données financières avant de préparer vos prévisions. Le notaire ou l'avocat a besoin de connaître les ententes que vous avez prises avec vos associés avant de rédiger votre convention entre associés. Le consultant doit être informé des objectifs de votre étude de marché avant d'entreprendre ses démarches. Si vous pouvez leur fournir le maximum de renseignements, ils n'auront pas à les chercher pour vous, ce qui réduira la facture.

11. Annoncez votre produit ou votre service et produisez selon la demande

Investissez dans de la publicité et, si la demande se révèle suffisante, passez à l'action. Il sera alors temps d'acheter les fournitures et les stocks nécessaires. Assurez-vous, cependant, que vous aurez facilement à votre disposition les ressources dont vous aurez besoin pour fabriquer votre produit ou pour rendre votre service. Il serait malheureux d'annoncer votre produit ou votre service et de ne pouvoir répondre à la demande. (Naturellement, ce conseil ne s'applique pas à un commerce de détail.)

12. Utilisez tous les trucs fiscaux associés à la PME et aux taxes de vente

Si votre chiffre d'affaires annuel est inférieur à 30 000 $, il n'est pas nécessaire d'inscrire votre entreprise à la TPS ni à la TVQ. Toutefois, si nous n'êtes pas inscrit, vous ne pourrez pas réclamer le remboursement de taxes (TPS et TVQ) que vous paierez sur vos achats. Pesez le pour et le contre d'une inscription à la taxe en réfléchissant, d'un côté, au remboursement que vous pourriez obtenir et à la perception avantageuse que vous donneriez (celle de vendre au-delà de 30 000 $ par année) et, de l'autre, aux « papiers » que vous devrez remplir. Demandez à votre comptable de présenter une demande d'exemption fiscale, possible au provincial, pour les nouvelles entreprises incorporées, si vous êtes admissible, naturellement.

13. Négociez des échanges avec vos fournisseurs

Vous pouvez offrir à vos fournisseurs d'échanger des produits ou des services contre vos propres produits ou services : « Si tu me fournis en papeterie, je te fais tes photos pour rien. » « Si tu gardes mes enfants, je tonds ton gazon. » Prenez garde, cependant, de trop en faire, car il est difficile de payer l'épicerie et le téléphone avec un produit ou un service « échangé » !

8.5 LE RÉALISME ET LA RENTABILITÉ DU PROJET

Vous connaissez sensiblement le coût de votre projet (ressources matérielles et humaines) et vous vous êtes familiarisé avec les sources de financement. Il convient maintenant de vérifier le réalisme et la rentabilité de votre projet. Pour ce faire, vous avez besoin des données dont nous avons parlé dans les parties précédentes ainsi que de nouveaux renseignements quant à vos frais d'exploitation.

Débutons par le réalisme de votre projet en ce qui concerne le coût de démarrage. Nous avons mentionné précédemment que votre mise de fonds minimale devrait représenter 20 % du coût total du projet. Votre projet ressemble-t-il à celui-ci ?

CoÛT DU PROJET	
Argent comptant	3 000 $
Inventaire	5 000 $
Équipement	25 000 $
Améliorations locatives	4 000 $
Embauche et formation du personnel	1 000 $
Total du coût du projet	38 000 $

Dans cet exemple, la mise de fonds minimale devrait être de 7 600 $. L'équipement est relativement facile à financer, alors que les autres éléments (argent comptant, inventaire, améliorations locatives, embauche et formation du personnel) sont beaucoup plus difficiles à l'être. Le raisonnement des créanciers est simple : l'équipement mis en garantie peut être revendu à bon prix, mais il n'en est pas de même des autres éléments compris dans le coût du projet !

Voilà la deuxième façon d'évaluer le réalisme d'un projet. Combien coûte-t-il et combien puis-je y investir ? (La première façon est l'étude de marché dont nous avons déjà discuté.)

Ainsi, pour évaluer le réalisme « financier » de votre projet, il vous faut dresser la liste des prix de tout ce dont vous avez besoin pour démarrer votre entreprise et d'en faire le total. Ensuite, comparez cette somme avec votre propre mise de fonds et vos garanties personnelles, ajoutez-y le *love money* auquel vous avez accès et déterminez si votre projet est « dans vos moyens ».

EXERCICE 27

LE COÛT DE MON PROJET

Faites la liste de tout ce dont vous avez besoin pour démarrer votre entreprise et indiquez le prix de chaque élément. Ensuite, comparez le coût total avec votre mise de fonds.

_____
_____
_____
_____
_____
_____
_____
_____
_____
_____
_____
_____
_____
_____
_____
_____
_____
_____

Si la réponse est négative, qu'à cela ne tienne! Vous pouvez modifier votre projet afin qu'il corresponde à votre budget (voir les 13 trucs pour que cela coûte moins cher au démarrage à la page 178). Ensuite, seulement, allez puiser dans les autres sources de financement décrites précédemment.

La troisième étape pour établir le réalisme et la rentabilité de votre projet est de procéder au calcul du point mort ou seuil de rentabilité. Ce calcul vous permet de déterminer le chiffre d'affaires avec lequel vous ne faites ni profit ni perte, c'est-à-dire que vous couvrez tous vos frais sans qu'il reste de surplus.

Pour déterminer le seuil de rentabilité, vous avez besoin de deux types d'information, soit votre marge bénéficiaire brute et le total des frais fixes annuels de votre future entreprise.

La marge bénéficiaire brute est la différence entre le prix de vente de votre produit et son coût, exprimée en pourcentage du prix de vente. Pour les entreprises commerciales, il s'agit de calculer la différence entre le coût d'achat du bien à revendre et son prix de vente. Pour les entreprises manufacturières, il s'agit de calculer la différence entre le coût de fabrication du produit et son prix de vente. Pour les entreprises de services purs, il n'y a pas de calcul à faire, puisqu'aucun coût n'est associé à la prestation du service.

Pour une entreprise commerciale, par exemple, si le coût du bien à revendre est de 7,50 $ et son prix de vente de 15 $, la marge bénéficiaire brute est de 50 % (15 − 7,50 = 7,50 ; 7,50 / 15 = 50 %).

Voyons un exemple pour une entreprise manufacturière :

- Coût unitaire en matière première :   3,50 $
- Coût unitaire en main-d'œuvre :   7,00 $
- Emballage unitaire :   1,00 $
- Coût total :   11,50 $
- Prix de vente :   16,00 $
- Marge bénéficiaire brute :   28 %

(16 − 11,50 = 4,50 ; 4,50 /16 = 28 %)

Pour une entreprise de service, la marge bénéficiaire est généralement de 100 %, puisqu'il n'y a pas de frais reliés à la prestation du service. Le seuil de rentabilité est alors égal à la somme des frais fixes.

Si vous avez bon nombre de biens à revendre ou de produits à fabriquer, vous pouvez faire la moyenne des marges bénéficiaires brutes de chacun pour calculer votre seuil de rentabilité.

EXERCICE 28

MA MARGE BÉNÉFICIAIRE BRUTE

Quel est le coût unitaire des produits que vous fabriquez ou vendez?

_____

Quel est le prix de vente de ces produits?

_____

_____

_____

Faites le calcul suivant:

Prix de vente du produit _____ $

Moins: coût unitaire du produit _____ $

Égale: marge brute en argent _____ $

Pourcentage de la marge brute sur le prix de vente: _____ %

La prochaine étape consiste à connaître vos frais fixes annuels, soit les dépenses que votre entreprise aura à assumer, qu'elle fasse des ventes ou non. Par exemple, le loyer est un engagement contractuel que vous devez payer, que vous fassiez des ventes ou non. Généralement, les frais fixes pour une entreprise sont les suivants:

• le loyer, l'entretien intérieur et extérieur

• les assurances

• la publicité (en tout ou en partie)

- les salaires, sauf ceux de la main-d'œuvre et du personnel qui peuvent être mis à pied, s'il n'y a pas de vente
- les intérêts sur l'emprunt
- le téléphone, l'électricité ou autres services publics
- la location d'une partie de l'équipement
- toutes autres dépenses fixes plus particulières à votre projet

---

EXERCICE 29

MES FRAIS FIXES

Faites la liste, puis la somme, de tous les frais fixes de votre future entreprise (par exemple, le loyer, l'électricité, le téléphone, votre salaire, etc.).

_____

_____

_____

_____

_____

_____

_____

_____

_____

_____

_____

_____

Pour établir votre seuil de rentabilité, calculez le total des frais fixes et divisez-le par la marge bénéficiaire brute. Par exemple, si le total des frais fixes est de 40 000 $ par année et que votre marge bénéficiaire brute est de 30 %, votre seuil de rentabilité sera de 133 333 $ (40 000 / 0,3 = 133 333).

EXERCICE 30

MON SEUIL DE RENTABILITÉ

Divisez la somme des frais fixes (exercice 29) par la marge bénéficiaire brute en pourcentage (exercice 28) afin de trouver votre seuil de rentabilité.

Quel est-il ? _____

Si votre étude de marché vous a prédit un chiffre d'affaires potentiel de 150 000 $, votre entreprise enregistrera des profits. Au contraire, si votre chiffre d'affaires potentiel se situe à 100 000 $, vous aurez quelque problème.

Pour remédier à cette malencontreuse situation, il n'y a que deux solutions : vérifiez si certaines des dépenses prévues peuvent être diminuées ou, mieux encore, tentez d'augmenter votre marge bénéficiaire brute en négociant des escomptes de quantité ou en magasinant auprès de fournisseurs qui offrent de meilleurs prix (sans lésiner sur la qualité).

Les frais que nous venons de mentionner sont les déboursés les plus importants au moment du démarrage de l'entreprise, mais vous en découvrirez d'autres au fil de vos démarches. Pensons, par exemple, aux frais reliés à la forme juridique de votre entreprise, au permis d'affaires, à la publicité et à la promotion, etc. Chaque fois que vous découvrez un tel coût, reportez-le dans votre analyse du réalisme financier et du seuil de rentabilité. Peut-être y changeront-ils quelque chose !

Vous avez maintenant en main la presque totalité des renseignements nécessaires pour passer à l'étape de la rédaction du plan d'affaires. Mais, auparavant, voyons quelques éléments d'information qui pourront vous être utiles pour la suite de vos démarches.

8.6 LES QUESTIONS LÉGALES ET LES AUTRES RENSEIGNEMENTS PERTINENTS

De nombreux choix d'identification pour votre entreprise s'offrent à vous. Dans un premier temps, nous examinerons les différents types d'entreprises (du secteur primaire aux entreprises de services). Dans un deuxième temps, nous verrons les différentes formes juridiques. Dans un troisième temps, nous nous attarderons à l'inscription de votre entreprise à différents ordres gouvernementaux ou réglementaires, soit la TPS, la TVQ, le numéro d'employeur, le permis d'affaires ou autres permis spéciaux et les assurances.

8.6.1 Les types d'entreprises

On peut définir les types d'entreprises selon leur clientèle ou leur façon de fonctionner. Il y a des entreprises qui vendent aux consommateurs et des entreprises qui vendent aux autres entreprises. Il y a des entreprises qui fabriquent des produits, d'autres qui rendent des services, et d'autres encore qui revendent en quantité ou à l'unité des produits fabriqués par une ou plusieurs autres entreprises. Voici les principales caractéristiques des divers types d'entreprises.

TABLEAU 16

LES PRINCIPAUX TYPES D'ENTREPRISES

- Les entreprises manufacturières (fabriquent, transforment ou assemblent)
- Les grossistes
- Les distributeurs
- Les détaillants ou les entreprises commerciales
- Les services
- Le secteur primaire (agriculture, mine, chasse, etc.)

Les **entreprises manufacturières** fabriquent, transforment ou assemblent. Leur plus gros investissement réside habituellement dans la machinerie et l'équipement. Elles vendent à un grossiste, un distributeur ou, à l'occasion, à un détaillant ou aux consommateurs.

Les défis des entreprises manufacturières sont de trouver de la main-d'œuvre qualifiée et spécialisée, d'assurer la qualité du produit fini et de se mesurer à la concurrence des entreprises étrangères. Les règles du jeu dans ce secteur gravitent autour du *know-how*, soit la connaissance des techniques de production.

Certaines entreprises manufacturières sont bien connues des Québécois, telles Cascades et Bombardier.

Les **grossistes** sont habituellement spécialisés dans un domaine bien particulier (alimentation ou quincaillerie, par exemple). Ils achètent en grande quantité à une ou plusieurs entreprises manufacturières pour revendre, en plus petite quantité, à des détaillants. Le principal investissement dans ce secteur réside dans les stocks et les entrepôts. Les principaux défis sont la distribution physique (transport) des produits chez les détaillants et la gestion des stocks. Nous connaissons, au Québec, entre autres, les grossistes RONA et Natrel.

Les **distributeurs** sont très spécialisés et souvent attachés à une seule entreprise manufacturière. On parle alors de distribution exclusive. Ils vendent à d'autres entreprises manufacturières, à des grossistes, à des détaillants ou à des consommateurs. Les droits de distribution représentent la plus grosse dépense au moment du démarrage. Souvent, les contrats de distribution sont très étanches et laissent peu de place à l'entrée de nouveaux produits ou services concurrents, voire complémentaires pour le distributeur. Les sociétés Apple et IBM utilisent ce genre de système.

Les **détaillants** ou entreprises commerciales font affaire directement avec le consommateur. Ils revendent les produits qu'ils achètent d'un manufacturier ou d'un grossiste. Habituellement assez spécialisé, le détaillant a une plus grande autonomie vis-à-vis de son marché, sauf s'il exploite une franchise. Ses plus gros investissements se font dans les stocks et la décoration ; son plus grand défi consiste à convaincre le consommateur d'acheter chez lui.

Les **entreprises de services** peuvent offrir leur spécialité aux individus (nettoyeur à sec, restaurant, psychologue) ou aux entreprises (comptabilité, formation, conseils en informatique). Selon les services offerts, l'investissement initial varie beaucoup. Plus le service est spécialisé, plus le coût des ressources humaines (les spécialistes) est élevé. Le défi des entreprises de services œuvrant auprès des consommateurs est semblable à celui des entreprises commerciales : convaincre les clients d'acheter chez elles. Pour celles œuvrant auprès d'autres entreprises, le défi consiste à demeurer à la fine pointe des connaissances dans leur domaine.

Enfin, les entreprises du **secteur primaire** exploitent les ressources naturelles (agriculture, mine, chasse, etc.). Le plus gros investissement se trouve dans la machinerie, les droits d'exploitation et le respect des normes environnementales. Certains ministères régissent et aident plus particulièrement ces secteurs.

8.6.2 Les formes juridiques

Au Québec, les entreprises ont le choix entre plusieurs formes juridiques afin de former et d'exploiter leur entreprise. Certaines entreprises sont exploitées sous forme de coopérative, d'autres sont des associations de personnes (société en nom collectif), d'autres encore sont des compagnies ou des sociétés en participation, et beaucoup d'entre elles sont gérées et dirigées par une seule personne. Ici, nous vous donnerons un bref aperçu des principales formes juridiques utilisées au Québec. Pour plus de renseignements, procurez-vous le guide *Votre PME et le droit*, dans la même collection que le présent ouvrage, et la publication *Les principales formes juridiques de l'entreprise au Québec* aux Publications du Québec (www.pubgouv.com).

TABLEAU 17

DIFFÉRENCES ENTRE LES PRINCIPALES FORMES JURIDIQUES

Ce qu'il faut savoir	Entreprise individuelle Société en nom collectif	Entreprise incorporée
Immatriculation	Obligatoire si la raison sociale est différente du nom du propriétaire. Coût de 32 $ pour l'entreprise individuelle et de 43 $ pour la société en nom collectif, renouvelable annuellement.	Obligatoire. Coût 75 $, renouvelable annuellement.
Protection de la raison sociale	Au Québec.	Au Québec si incorporée au Québec, et au Canada si incorporée au Canada.
Responsabilité	Le propriétaire unique ou les associés de la société en nom collectif sont solidairement responsables des dettes et des obligations de l'entreprise.	Limitée à la mise de fonds du propriétaire ou des actionnaires, sauf si celui-ci ou ceux-ci se sont portés garants de l'entreprise.
Traitement fiscal	À la fin de l'année, les profits ou les pertes sont inclus dans la déclaration de revenus du ou des propriétaires. Les pertes peuvent être reportées sur les revenus personnels du ou des propriétaires d'année en année.	À la fin de l'année, les profits de l'entreprise sont imposés aux taux des entreprises et le ou les propriétaires déclarent les dividendes et les salaires reçus dans leur propre déclaration de revenus. En cas de pertes, c'est l'entreprise qui les accumule et les reporte contre ses propres revenus, et non les propriétaires.

La forme juridique la plus employée au Québec est **l'entreprise individuelle**, soit celle où un propriétaire unique gère et dirige son entreprise, avec ou sans employés. Le propriétaire unique doit immatriculer la raison sociale de son entreprise si celle-ci porte un nom différent du sien propre. Par exemple, *Paul Saint-Jacques, consultant* n'est pas obligé d'immatriculer le nom de son entreprise, mais la raison sociale *Les Consultations Paul* devra être immatriculée.

L'immatriculation de l'entreprise se fait auprès du Registraire des entreprises (www.req.gouv.qc.ca) du gouvernement du Québec. Vous pouvez obtenir le formulaire chez Communication Québec ou au bureau du protonotaire au palais de justice de votre région. Dans le cas de l'entreprise individuelle, l'immatriculation coûte 32 $ et est renouvelable tous les ans. Cette immatriculation permet aux consommateurs de connaître l'identité du propriétaire d'une entreprise et protège la raison sociale pour que personne ne puisse l'utiliser sans le consentement du propriétaire.

Le propriétaire de l'entreprise individuelle et celle-ci sont reconnus comme étant une seule et même personne, tant au point de vue de la responsabilité que des revenus (ou pertes) de l'entreprise. Ainsi, si l'entreprise a des dettes, il s'agit aussi des dettes du propriétaire. Si l'entreprise ne suffit pas à payer ses dettes, le propriétaire doit les assumer personnellement.

En ce qui concerne les revenus de l'entreprise, une fois les dépenses d'exploitation soustraites, le profit qui reste est ajouté aux autres revenus du propriétaire sur sa déclaration fiscale personnelle. S'il s'agit d'une perte, celle-ci peut être déduite des autres revenus du propriétaire.

L'association de personnes ou **société en nom collectif** répond aux mêmes principes que l'entreprise individuelle, sauf qu'elle est formée de deux personnes ou plus. Les associés doivent immatriculer la raison sociale de leur entreprise et procéder au renouvellement annuel de celle-ci au coût de 43 $ par année. À ce montant, il faut ajouter, au démarrage, les honoraires professionnels de l'avocat ou du notaire qui rédigera la convention entre associés.

Les associés et l'entreprise sont aussi considérés comme une seule et même personne aux yeux de la loi. Ainsi, si la société en nom collectif a des dettes, les propriétaires associés en sont responsables personnellement, au *prorata* de leur propriété, si l'entreprise ne peut s'acquitter de ses dettes. Qui plus est, si l'un des associés ne peut payer sa part, les autres associés doivent le faire à sa place et se faire rembourser par la suite. Par exemple, Jean et Louis sont associés à parts égales. Il y a faillite. Louis n'a pas d'argent, alors que Jean en a. Jean paie les dettes de l'entreprise en entier, soit sa part et celle de Louis. Ensuite, il se fait rembourser par Louis.

Les revenus et les pertes de l'entreprise sont traités de la même façon que ceux de l'entreprise individuelle, toujours au *prorata* de la propriété des associés.

Une entreprise peut aussi être **incorporée** (compagnie), qu'on soit un seul ou plusieurs propriétaires. L'incorporation est régie par des lois bien précises. Par exemple, elle n'est pas possible pour la plupart des professionnels (avocats, notaires, conseillers d'affaires ou personnels, ingénieurs) pour des raisons de responsabilité.

En effet, l'incorporation protège, jusqu'à un certain point, les propriétaires (actionnaires). En théorie, leurs responsabilités financières sont limitées à l'argent qu'ils ont investi dans l'entreprise (les actions qu'ils ont achetées), sauf en cas de sommes dues à un gouvernement ou d'actes illégaux.

En fait, il arrive souvent, sinon toujours, que les actionnaires doivent se porter garants de l'entreprise avec des garanties personnelles, particulièrement au démarrage et lorsque l'entreprise est en difficulté financière. Cette pratique permet aux créanciers de saisir les biens ainsi offerts en garantie pour récupérer leurs pertes. Quand les actionnaires se sont portés garants de l'entreprise, si celle-ci ne parvient pas à payer ses dettes, ils doivent les payer et, si l'un d'entre eux en est incapable, les autres actionnaires doivent le faire pour lui et se faire rembourser par la suite.

Du point de vue fiscal, l'entreprise incorporée paie des impôts comme un individu, mais à des taux différents (environ 20 %). Les revenus versés aux actionnaires (salaires et dividendes) sont imposés à ce titre au moment de la déclaration des revenus de chacun. Si l'entreprise fait des pertes, celles-ci ne peuvent être transférées aux actionnaires. L'entreprise les conserve et peut les reporter sur les années où elle fait des profits (trois ans en arrière et sept ans dans l'avenir).

En ce qui a trait au coût de l'incorporation, il gravite autour de 700 $, excluant les honoraires professionnels de l'avocat ou du notaire qui remplira les formulaires pour vous. L'immatriculation de la société par actions est de 79 $ renouvelable annuellement.

La **société en participation** ressemble beaucoup à la société en nom collectif à l'exception qu'elle peut regrouper des entreprises individuelles, des compagnies et des sociétés en nom collectif, pour un but donné. Par exemple, quelques entreprises, de formes juridiques différentes, se regroupent pour louer un entrepôt ou pour engager du personnel de livraison. Dans ce cas, la société en participation fonctionne comme la société en nom collectif, mais uniquement pour la location de l'entrepôt ou pour l'embauche du personnel de livraison. Les frais d'immatriculation et de rédaction de la convention sont les mêmes que pour la société en nom collectif.

En ce qui concerne les **coopératives**, elles regroupent des personnes qui, pour le bien de leur collectivité, offrent ou vendent des biens ou des services à leurs membres à des prix avantageux. Les trop-perçus réalisés peuvent être versés aux membres sous forme de ristournes.

Quelle que soit la forme juridique que vous choisirez pour votre entreprise, consultez un spécialiste de la question (avocat ou notaire pour les questions légales, et fiscaliste pour les questions fiscales) avant de signer ou de remplir des formulaires.

Les joies et les peines de l'association

L'association peut être l'une des meilleures façons de combler certaines de vos faiblesses. Si c'est la solution que vous préconisez, choisissez avec soin vos partenaires :

- ne vous associez jamais avec un ami en raison uniquement de cette amitié ;
- ne vous associez jamais avec quelqu'un qui vous est antipathique, même si cette personne est très riche ;
- essayez de trouver une personne dont les connaissances et l'expérience sont complémentaires aux vôtres ;
- assurez-vous d'avoir une convention entre associés qui soit légale et qui prévoit toutes les éventualités.

Dans un groupe (deux ou plus), il est primordial qu'il y ait une entente par écrit, entente signée et devant témoins, sur toutes les facettes de l'entreprise : partage des tâches, des profits et des réinvestissements, rachat d'un partenaire, etc. Une personne d'expérience (avocat ou notaire) peut vous aider à rédiger un tel document. D'ailleurs, vos créanciers voudront voir votre convention au moment de la discussion sur les garanties et les prêts.

De plus, sachez qu'il est déjà arrivé à de nouveaux entrepreneurs de fermer les portes de leur entreprise en raison d'un conflit entre associés dont les causes n'avaient pas été prévues dans la convention d'affaires.

Avant de partir à la recherche du partenaire d'affaires rêvé, faites le bilan de vos forces et de vos faiblesses, et notez les qualités que vous recherchez chez un partenaire éventuel. Ne faites aucun compromis avec vous-même. C'est votre entreprise après tout !

En vue d'approfondir la question de l'association, n'hésitez pas à consulter l'ouvrage *S'associer pour le meilleur et pour le pire*, d'Anne Geneviève Girard, Ph.D., chez les mêmes coéditeurs.

8.6.3 Les organismes réglementaires

Avant de vous lancer en affaires, il faut vous assurer que vous détenez tous les permis nécessaires et que vous respectez les normes en vigueur, le cas échéant.

Le premier permis à obtenir est le permis d'affaires municipal. Si vous êtes situé dans une zone commerciale ou industrielle et que vous respectez le règlement de zonage, il ne devrait pas y avoir de problème. Si vous exploitez votre entreprise à la maison ou dans une zone agricole, vérifiez si vous en avez le droit avant d'entreprendre quoi que ce soit. Une visite à l'hôtel de ville vous permettra d'obtenir copie du règlement de zonage et du règlement en ce qui concerne les entreprises à domicile. Il n'y a pas de règles uniques dans les municipalités du Québec; vous devez vérifier auprès de celle où vous installerez votre entreprise.

Au moment d'inscrire votre entreprise auprès de la municipalité, vous devrez payer le permis d'affaires de même que la taxe d'affaires. Le coût de ces deux éléments varie également beaucoup d'une municipalité à l'autre : de gratuit à plusieurs centaines de dollars. Informez-vous !

Certains secteurs d'activités (rembourrage, restauration, station-service, etc.) nécessitent des permis spéciaux. Informez-vous auprès de Communication Québec ou visitez leur site Internet pour consulter la liste des ministères ou organismes qui régissent votre secteur d'activité. Portez une attention particulière aux normes environnementales.

En passant, une visite virtuelle sur le portail « entreprise » du gouvernement du Québec (www.gouv.qc.ca) vous permettra de consulter un grand nombre de dépliants à propos du numéro d'employeur, des taxes, de la fiscalité, etc. C'est gratuit !

Ensuite, vous devrez décider si vous inscrivez votre entreprise à la TPS et à la TVQ. Comme nous l'avons mentionné précédemment, si votre chiffre d'affaires est inférieur à 30 000 $, vous n'êtes pas obligé de vous inscrire. Mais, dès le moment où votre chiffre d'affaires atteint 30 000 $, vous êtes tenu d'inscrire votre entreprise, même si vous êtes en plein milieu d'une année fiscale. Pour ce faire, rendez-vous au bureau régional du ministère du Revenu du Québec. Une demi-heure et tout est réglé, si vous avez en main une copie de votre immatriculation et de votre incorporation, le cas échéant. Cette inscription est gratuite.

Si vous avez des employés ou si votre entreprise est incorporée, vous devrez vous inscrire comme employeur auprès des ministères du Revenu provincial et fédéral. Une visite à leur bureau régional avec les mêmes documents en main, et le tour est joué ! Cette inscription comme employeur est gratuite, et vous recevrez tous les guides requis pour préparer vos paies et vos remises mensuelles.

Enfin, si vous vivez un cas particulier (construction d'une bâtisse, importation ou exportation, entreprise polluante ou utilisation de matériaux dangereux), prenez la peine de vous informer auprès des autorités avant de vous engager dans un processus qui pourrait être long et coûteux. Dans de tels cas, votre connaissance du secteur d'activité dans lequel vous voulez vous lancer est primordiale afin de reconnaître les problèmes potentiels et les organismes qui pourront vous aider à les régler.

8.6.4 Les assurances

Malheureusement, beaucoup d'entrepreneurs oublient les assurances, surtout ceux qui travaillent à domicile. Les assurances qui s'appliquent aux affaires sont nombreuses : responsabilité civile et professionnelle, salaire, équipement, bâtisse, perte de revenus, et vie du ou des associés. Bien que ces assurances puissent coûter cher, certaines sont essentielles.

Que feriez-vous :

• si un client se blessait chez vous ?

• si une erreur se glissait dans l'un de vos produits, blessant un client, et que celui-ci intentait une poursuite ?

• si vous tombiez malade et n'étiez plus capable de travailler ?

• si votre associé décédait et avait légué ses parts dans l'entreprise à quelqu'un qui ne fait pas votre affaire ?

- si vous aviez un accident de voiture assez important pour que vous ne puissiez pas utiliser le véhicule et que vous en ayez besoin pour aller voir vos clients ?

- si vos dossiers étaient détruits par le vol, le feu ou l'eau ?

- si vous étiez responsable d'un incendie dans la bâtisse où vous louez un espace commercial ? Etc.

Vous devez consulter un courtier d'assurances avec votre plan d'affaires et votre convention entre associés (le cas échéant) en main. Il pourra évaluer avec vous le coût de toutes les protections qui vous sont nécessaires.

EN RÉSUMÉ

Dans ce chapitre, nous avons vu d'abord comment évaluer les ressources nécessaires au démarrage de votre entreprise. Ensuite, nous avons discuté des différentes options offertes pour réaliser votre occasion d'affaires et nous nous sommes penchés plus particulièrement sur les questions d'argent. Maintenant, il s'agit de prendre toute cette information, d'en tirer des décisions par rapport à votre propre projet et de transcrire ces décisions sous la forme d'un plan d'affaires. C'est l'objet du prochain chapitre.

9 〉 Le plan d'affaires

Rédiger un plan d'affaires est une question de semaines, voire de jours. C'est la recherche préalable que nous avons présentée dans les deux chapitres précédents qui exige du temps. Lorsque vous avez toute l'information en main, la rédaction de votre plan d'affaires selon un modèle reconnu devient un jeu... d'adulte !

Dans ce chapitre, nous vous proposons le modèle de plan d'affaires avec lequel nous travaillons régulièrement. Il ne s'agit pas du seul modèle existant. À la fin du chapitre et dans la bibliographie, vous trouverez quelques ouvrages et sites Internet qui proposent d'autres façons de rédiger un plan d'affaires. Choisissez le modèle qui mettra le mieux votre entreprise en valeur.

9.1 POURQUOI ET POUR QUI FAIT-ON UN PLAN D'AFFAIRES ?

La première personne pour qui on fait un plan d'affaires est soi-même ! Par la suite, le plan d'affaires et la recherche qui le précède servent à convaincre les autres qu'on a une bonne idée, qu'il y a un marché pour cette idée, qu'on est la personne idéale pour la réaliser et qu'on a un plan logique et réaliste pour concrétiser le projet et pour conquérir le marché.

Les personnes qui liront et analyseront votre plan d'affaires sont nombreuses : l'institution financière à laquelle vous demanderez du financement, les organismes de développement économique auxquels vous demanderez de l'aide technique ou financière, les fournisseurs auxquels vous demanderez de vous faire crédit, le ou les partenaires que vous voudrez intéresser à votre projet et, même, les clients avec lesquels vous travaillerez étroitement.

Pour chacun de ces lecteurs, la présentation de votre plan d'affaires peut varier légèrement, puisque l'objectif diffère. Par exemple, l'institution financière cherchera à vérifier si vous êtes en mesure de lui rembourser un prêt, l'organisme de développement économique voudra savoir si vous créerez des emplois stables, le fournisseur se demandera si vous achèterez suffisamment pour justifier votre crédit et vos escomptes de quantité, le partenaire analysera vos compétences et, enfin, le client déterminera si vous saurez lui fournir le produit désiré, dans les délais requis, dans la quantité voulue et avec la qualité exigée.

Le nombre de pages d'un plan d'affaires est indéterminé. Cela dépend de la complexité et de l'envergure du projet. Nous avons vu des plans d'affaires de 15 pages pour des travailleurs autonomes et d'autres de plus de 500 pages pour des entreprises manufacturières de haute technologie. L'important est que l'information pertinente soit présentée de façon claire, précise et cohérente.

Au fur et à mesure que vos démarches de démarrage se précisent et que les choses se concrétisent, vous devrez mettre votre plan d'affaires à jour : confirmer les sources de financement, inclure les factures réelles plutôt que les soumissions, revoir les prévisions financières en conséquence, indiquez le nom des partenaires, inclure les commandes fermes de clients potentiels, etc. Un plan d'affaires est un *work in progress*.

9.2 LE CONTENU DU PLAN D'AFFAIRES, ÉTAPE PAR ÉTAPE

Quoi ? Par qui ? Pour qui ? Comment ? Combien ? Voilà les cinq questions auxquelles doit répondre le plan d'affaires.

Les trois premières questions présentent la pierre angulaire de votre projet : l'occasion d'affaires, l'entrepreneur et le marché. Les deux autres questions répondent, dans un premier temps, à « comment réaliserez-vous le projet (mise en marché, exploitation, ressources humaines, etc.) ? » et, dans un deuxième temps, à « combien vous coûtera-t-il et vous rapportera-t-il (plan financier) ? ».

9.2.1 L'organisation et l'occasion d'affaires

L'objectif de cette première partie de votre plan d'affaires est de préciser vos choix stratégiques (importants) et d'exposer des arguments qui convaincront le lecteur que votre entreprise a de bonnes chances de succès.

Il s'agit d'expliquer succinctement votre idée d'entreprise, de mentionner votre raison sociale, votre adresse, la forme juridique choisie et les raisons de ce choix. De plus, vous devez présenter vos objectifs quant à la vente et à votre part de marché potentielle pour les trois premières années d'exploitation de votre entreprise. Enfin, vous devez présenter le secteur d'activité dans lequel votre entreprise œuvrera : les règles du jeu dans le secteur ; les contraintes et les occasions reliées à l'environnement économique, social, technologique, politico-légal, écologique ; et les raisons qui vous ont fait choisir ce secteur d'activité.

TABLEAU 18

MODÈLE DE PLAN D'AFFAIRES

Page titre
Table des matières
1. Sommaire du projet
2. Organisation et occasion d'affaires
    2.1 Idée d'entreprise, raison sociale et adresse
    2.2 Forme juridique choisie
    2.3 Objectifs de vente et de part de marché
    2.4 Analyse du secteur d'activité
    2.5 Cheminement réalisé
3. Équipe entrepreneuriale
    3.1 Présentation du ou des membres de l'équipe entrepreneuriale
    3.2 Droits et devoirs des associés (le cas échéant)
    3.3 Parrain ou marraine d'affaires
4. Analyse du marché
    4.1 Clientèle cible
    4.2 Produits ou services
    4.3 Analyse de la concurrence
    4.4 Résultats de l'étude de marché
    4.5 Chiffre d'affaires potentiel
5. Plan de mise en marché
    5.1 Produits ou services
    5.2 Prix de vente
    5.3 Localisation de l'entreprise
    5.4 Publicité et promotion
    5.5 Distribution et vente
    5.6 Sommaire des coûts associés au plan de mise en marché
6. Plan d'exploitation
    6.1 Équipement requis
    6.2 Besoins en biens à revendre ou en matière première
    6.3 Gestion des activités
    6.4 Aménagements requis

6.5 Plan écologique

6.6 Sommaire des coûts associés au plan des activités

7. Plan des ressources humaines

   7.1 Besoins en ressources humaines

   7.2 Employés clés

   7.3 Recrutement, salaires et avantages sociaux

   7.4 Plan de formation

   7.5 Sommaire des frais associés au plan des ressources humaines

8. Plan de développement

   8.1 Objectifs à long terme

   8.2 Évolution du produit ou du service

   8.3 Veille commerciale et technologique

   8.4 Sommaire des frais associés au plan de développement

9. Calendrier de réalisation et plan de gestion des risques

   9.1 Calendrier de réalisation

   9.2 Risques potentiels et solutions envisagées

   9.3 Sommaire des frais associés au calendrier de réalisation et au plan de gestion des risques

10. Plan financier et proposition de l'entreprise

   10.1 Coût et financement du projet

   10.2 États des revenus et des dépenses

   10.3 Mouvement de trésorerie

   10.4 Bilans annuels

   10.5 Seuil de rentabilité

   10.6 Proposition de l'entreprise

11. Annexes

Dans cette partie, vous devez également indiquer à quel stade de vos démarches vous êtes rendu et l'objectif du plan d'affaires. Par exemple, les études de marché, de faisabilité et de rentabilité sont terminées et vous êtes à la recherche de financement conventionnel, de partenaires ou d'investisseurs en capital de risque.

Si vous détenez ou prévoyez détenir un brevet, une franchise ou toute autre forme d'exclusivité, faites-en état immédiatement et, dans le plan d'exploitation (pour les brevets ou pour les licences) ou dans le plan de mise en marché (pour les franchises ou pour la distribution exclusive), précisez-en le coût et les conditions.

9.2.2 L'entrepreneur

Lorsque vous vous présentez, faites-le sous votre meilleur jour. Le but de cette présentation est de convaincre le lecteur que vous êtes la personne (ou l'équipe) idéale pour mener le projet à bien et en assurer la réussite à long terme.

Vous avez déjà procédé à l'analyse de vos compétences et de vos forces d'entrepreneur. C'est dans cette partie du plan d'affaires que vous exposez les résultats de cette analyse. Insistez sur vos expériences de travail, votre formation ou toutes autres compétences qui vous ont préparé à démarrer et à gérer une entreprise comme la vôtre. Vous devez aussi mentionner la façon dont vous allez combler vos faiblesses. Présentez votre curriculum vitæ détaillé en annexe.

Si vous avez des partenaires (associés), présentez chacun d'eux et insistez sur la complémentarité entre les membres de l'équipe (insérez également leurs curriculum vitæ en annexe). Résumez, dans le texte, les grandes clauses de la convention entre associés (droits et devoirs, partage des responsabilités et de la propriété, etc.). La convention entre associés devra paraître en annexe.

Si vous vous êtes entouré d'un parrain ou d'une marraine d'affaires, de personnes-ressources ou de conseillers rémunérés, nommez-les et spécifiez l'apport de chacun au projet.

9.2.3 Le marché

Le but de cette section est de convaincre le lecteur que votre produit ou votre service va se vendre, et qu'il va se vendre en quantité suffisante pour assurer la rentabilité de votre entreprise.

C'est dans cette section que vous devez présenter les résultats de votre étude de marché. Commencez par définir votre clientèle cible : ses caractéristiques et, selon le territoire géographique que vous visez, le nombre de clients potentiel. Puis, présentez brièvement votre produit ou votre service, votre analyse de la concurrence et les façons dont vous allez vous en différencier.

Par la suite, exposez la manière dont vous avez conduit votre étude de marché, les résultats obtenus et les conclusions que vous en avez tirées. Insistez sur les intentions d'achats et l'évaluation de votre chiffre d'affaires potentiel. N'incluez pas votre étude de marché au complet dans le texte du plan d'affaires, présentez-en les grandes lignes et ajoutez l'étude comme telle en annexe.

9.2.4 Le plan de mise en marché

Le plan de mise en marché doit expliquer la façon dont vous allez convaincre votre clientèle d'acheter votre produit ou votre service.

D'abord, il faut revenir à la notion de produit ou de service (les caractéristiques physiques et intangibles). Ces caractéristiques du produit ou du service vous permettront de justifier le prix de vente.

Ensuite, il faudra présenter et justifier vos décisions en ce qui concerne le prix de vente, la localisation de l'entreprise, le programme de publicité et de promotion, de même que le réseau de distribution ou de vente. Appuyez la valeur de vos décisions à l'aide des résultats de votre étude de marché.

À cette étape de votre plan d'affaires, vous aurez à présenter des données financières, c'est-à-dire les frais associés à chacun des plans. Dans le plan de mise en marché, le coût sera relié aux produits (emballage, garanties, service après-vente), à la vente ou au réseau de distribution (salaires et commissions), au programme de publicité et de promotion (annonces, dépliants, catalogues, enseigne, rabais, etc.), et à la localisation (décoration, loyer, chauffage, électricité, assurances, etc.).

Si vous avez une grande quantité d'information à transmettre, faites un sommaire de ces frais à la fin de la section.

En ce qui concerne la localisation, vous avez deux options. S'il s'agit d'une entreprise commerciale ou de service vers laquelle les consommateurs doivent se rendre pour acheter, le choix de la localisation devient un élément important du marketing. Si, au contraire, vous démarrez une entreprise manufacturière, la localisation deviendra un élément du plan d'exploitation. En effet, dans ce cas, plutôt que de chercher un local près de la clientèle, vous cherchez un local près de la main-d'œuvre, des matières premières, du réseau de transport ou de certains services spécialisés. Enfin, si vous vous déplacez vers les clients ou que vous exploitez votre entreprise à domicile, le choix de la localisation repose plutôt sur la facilité que vous aurez à joindre votre clientèle ou sur des raisons économiques.

Votre choix se résume donc à l'endroit où vous présenterez votre localisation dans le plan d'affaires : dans le plan marketing ou dans le plan d'exploitation.

9.2.5 Le plan d'exploitation

Ce plan a pour objectif de présenter la façon dont vous vous y prendrez pour fabriquer ou pour vendre votre produit ou votre service. Il devra donc faire état (description et coût) de l'équipement et de l'outillage nécessaires, tant pour la production que pour la gestion (photocopieur, micro-ordinateur, mobilier, etc.).

Ensuite, il vous faudra présenter les biens dont vous avez besoin, soit pour revendre ceux-ci, soit pour fabriquer votre produit. Vous devez les décrire sur le plan de la quantité et de la qualité envisagées et en spécifiez le coût unitaire et total. Faites aussi une liste des fournitures nécessaires à la production ou à l'emballage de vos produits, toujours en indiquant la quantité et le coût. Les entreprises de services purs n'ont pas à se préoccuper de cette présentation, sauf en ce qui concerne les fournitures, si elles sont importantes.

Puis, discutez de la façon dont vous procéderez pour assurer le suivi de vos commandes, de vos stocks, de votre production, de vos clients et de la qualité, tant des produits ou des services que de l'environnement. Si vous utilisez des formulaires, décrivez-les et incluez-en une copie en annexe.

Décrivez les aménagements requis à votre local, si vous ne l'avez pas déjà fait dans le plan de mise en marché. Ajoutez une section sur la façon dont vous vous assurerez que vous respectez les normes environnementales, le cas échéant.

N'oubliez pas d'indiquer les frais que représente chacun des éléments mentionnés précédemment, ainsi que les frais tels que les fournitures de bureau, les frais d'entretien extérieur et intérieur, de même que la source et les frais de la sous-traitance, le cas échéant. Si vous avez beaucoup d'information à transmettre, faites un sommaire de ces frais à la fin de la section.

9.2.6 Le plan des ressources humaines

Si vous êtes travailleur autonome, vous n'avez pas besoin de présenter cette section dont l'objectif est de présenter vos besoins (quantité et compétences) de même que les frais associés aux ressources humaines.

Le cas échéant, décrivez les postes à combler en précisant les tâches et les responsabilités demandées ainsi que les compétences requises. Mentionnez les salaires, les avantages sociaux et la formation que vous offrirez à vos employés, au moment du démarrage et par la suite. Exposez également la façon (et les frais que cela demandera) dont vous vous y prendrez pour procéder au recrutement de ces ressources humaines.

Si l'un de vos employés s'avérait une personne clé dans l'entreprise (sans elle, vous ne pourriez fonctionner), présentez-la en insistant sur son apport à l'entreprise et sur la façon dont vous vous assurerez qu'elle restera avec vous.

Encore une fois, si la quantité d'information le requiert, faites un sommaire des frais à la fin de la section.

9.2.7 Le plan de développement

Dans cette section du plan d'affaires, vous présentez vos objectifs et la façon dont vous vous adapterez au changement (ou le précéderez). Décrivez votre plan de recherche et de développement (si applicable) et votre système de veille commerciale ou technologique (les moyens que vous prendrez pour demeurer au fait de ce qui se passe dans le marché et sur le plan technologique dans votre secteur d'activité).

S'il y a des frais associés au plan de développement (budget de recherche et de développement, sous-traitance à des centres de recherche, abonnement et cotisation à des périodiques ou à des banques de données, inscription à des colloques, foires ou expositions, etc.), mentionnez-les ici.

9.2.8 Le calendrier de réalisation et le plan de gestion des risques

Cette partie du plan d'affaires présente ce qu'il vous reste à faire pour démarrer l'entreprise ainsi que vos solutions à tous les petits problèmes qui pourraient survenir d'ici là. Son but est d'indiquer au lecteur que vous savez où vous allez et que vous êtes conscient qu'il peut y avoir des pépins auxquels vous avez déjà réfléchi.

D'abord, vous faites un échéancier détaillé (date, étape, responsabilité) de tout ce que vous devrez faire jusqu'à la date d'ouverture de l'entreprise. Cet échéancier fera état, entre autres choses, des étapes de l'obtention du financement et des permis, de l'aménagement de votre local, de la publicité, etc.

À l'aide de cet échéancier, vous désignez ensuite les étapes qui peuvent être problématiques (par exemple, retard dans l'obtention du financement ou des permis) et discutez des solutions possibles pour surmonter les difficultés. Si vous entrevoyez des problèmes qui ne sont pas directement associés à l'échéancier (par exemple, des ventes qui n'augmentent pas comme prévu, la venue d'un nouveau concurrent, etc.), mentionnez-les tout de même, avec leur solution potentielle.

Enfin, si vous prévoyez des frais pour les étapes mentionnées dans l'échéancier (s'ils n'ont pas été indiqués ailleurs) et pour l'implantation des solutions envisagées, présentez-les ici.

9.2.9 Le plan financier et la proposition de l'entreprise

L'objectif de cette section du plan d'affaires est d'exposer vos prévisions financières de même que vos besoins en financement, en prouvant, hors de tout doute, que l'entreprise sera rentable. Vous devrez donc y présenter votre bilan d'ouverture (coût et financement du projet), l'état des résultats (revenus et dépenses), le mouvement de trésorerie ou budget de caisse (les prévisions d'entrées et de sorties de fonds) et, finalement, le bilan de fermeture. Ces prévisions devront être présentées pour au moins deux ans, sinon trois, ou jusqu'à ce que l'entreprise ait atteint la rentabilité (revenus plus élevés que les dépenses).

D'abord, comme nous l'avons mentionné précédemment, vous devez évaluer combien vous pouvez investir dans votre projet. Ensuite, évaluez combien l'entreprise devra vous rapporter afin de subvenir à vos besoins financiers personnels.

Au moyen des renseignements que vous avez recueillis dans vos études de faisabilité et de rentabilité de même qu'avec ceux donnés dans les autres parties de votre plan d'affaires, vous devez évaluer le coût total du projet. Ce coût comprendra l'équipement, l'outillage, les meubles, les stocks, la bâtisse ou les améliorations locatives, le fonds de roulement (argent nécessaire pour voir venir les dépenses courantes des premiers mois d'exploitation) et toutes autres dépenses que vous aurez à faire avant le démarrage de l'entreprise.

Puis, vous devez exposer vos sources de financement, de sorte que le total des fonds requis au démarrage soit égal au total des fonds que vous comptez injecter dans l'entreprise. Ces sources de financement sont, premièrement, votre propre mise de fonds, deuxièmement, le financement conventionnel et, troisièmement, le financement gouvernemental. Il s'agira de votre bilan d'ouverture, aussi nommé coût et financement du projet.

Une fois ce premier bilan terminé, constituez, pour la première année, l'état des résultats (à l'aide des données sur votre chiffre d'affaires potentiel et sur les dépenses prévues). N'oubliez pas d'y ajouter les amortissements, les frais d'intérêt et les frais bancaires. Puis, constituez le mouvement de trésorerie, qui comprendra aussi vos versements sur emprunts. Les renseignements contenus dans ces deux états financiers vous permettront d'effectuer un bilan à la fin de la première année et de recommencer le processus pour la deuxième année d'exploitation.

Dans le texte de votre plan d'affaires, vous résumez les données comptables (ventes, profit, encaisse, etc.) et vous présentez l'ensemble des prévisions financières en annexe.

Vous concluez cette section en présentant vos demandes de financement et en décrivant les contreparties ou les biens offerts en garantie de ce financement.

Pour vous aider à préparer vos prévisions financières, vous pouvez consulter les personnes-ressources du CLD. De plus, la plupart des institutions financières offrent à leurs clients des guides et des disquettes qui vous permettent de faire ces prévisions vous-même. Enfin, vous pouvez consulter un comptable qui, si vous lui fournissez toute l'information dont il a besoin, pourra compléter vos prévisions financières en un rien de temps.

9.2.10 Le sommaire, la table des matières, la page de présentation et les annexes

Votre plan d'affaires étant terminé, il reste à préparer le sommaire (résumé des principaux renseignements en ce qui concerne votre créneau [produit / service / marché], votre chiffre d'affaires potentiels et vos besoins en financement), la table des matières, la page de présentation indiquant clairement vos coordonnées, et à ajouter les annexes (bail, soumissions, convention entre associés, plan d'aménagement, curriculum vitæ, etc.).

Le plan d'affaires et la préparation des prévisions financières sont deux sujets qui, à eux seuls, pourraient faire l'objet de nombreux livres. Nous vous indiquons dans la bibliographie quelques ouvrages, dont *Comment rédiger mon plan d'affaires,* qui pourront vous aider dans votre rédaction.

Sites Internet d'intérêt pour le plan d'affaires et le démarrage d'entreprise

Fondation de l'entrepreneurship : www.entrepreneurship.qc.ca

Centre des services aux entreprises du Canada : www.cbsc.org

Infoentrepreneurs : www.infoentrepreneurs.org

Banque de développement du Canada : www.bdc.ca

Portail « entreprise » du gouvernement du Québec : www.gouv.qc.ca

EN RÉSUMÉ

La rédaction du plan d'affaires se base sur l'information que vous avez recueillie dans vos études de marché, de faisabilité et de rentabilité. Après vous avoir convaincu vous-même de la rentabilité et du réalisme de votre projet, il vous permettra d'en convaincre les autres.

Conclusion

Ce guide avait pour objectif de vous donner l'information nécessaire à votre recherche d'une idée d'entreprise. Nous vous avons également mentionné les éléments essentiels que vous deviez connaître avant de vous lancer en affaires. La description de ces derniers éléments ne se voulait pas exhaustive ; nous tenions à vous en souligner l'importance et à vous permettre de bien engager le processus de démarrage de votre entreprise. Pour que vous puissiez poursuivre de façon plus approfondie, nous vous avons indiqué un grand nombre de ressources appropriées.

Nous avons insisté sur les notions de besoins et de changements. Ces deux notions sont, selon nous, les plus importantes à retenir. En effet, quel que soit le produit ou le service que vous offrirez, s'il ne répond pas à un besoin et si vous ne lui permettez pas d'évoluer, votre succès est loin d'être garanti. Cependant, toute l'information que vous possédez maintenant peut se révéler inutile si vous ne pratiquez pas la première des vertus : la patience. La Fontaine dit : *Patience et longueur de temps Font plus que force ni que rage.* Dans la recherche d'une idée d'entreprise, c'est d'autant plus vrai que, pour certaines personnes, cette recherche dure plusieurs années. Pour d'autres, il s'agit d'une question de mois, voire de semaines. L'important, c'est d'y parvenir à *votre* satisfaction.

Nous vous encourageons donc à entreprendre dès aujourd'hui vos réflexions et vos démarches... Bientôt, vous serez peut-être entrepreneur !

Bibliographie

ADAMS, Michael, *Sex In The Snow : Canadian Social Values At The End Of The Millenium*, Penguins Books, Toronto, 1998.

BÉRARD, Diane et BELLAZI, Carole, « Des pistes pour l'an 2000 », *PME, vol. 7, n° 1,* février 1991, p. 14-19, 22.

BÉGIN, Jean-Pierre et L'HEUREUX, Danielle. *Des occasions d'affaires : 101 idées pour entreprendre,* collection Entreprendre, Les Éditions Transcontinental inc. et Fondation de l'entrepreneurship, Montréal et Charlesbourg, 1995.

BÉLIARD, Ronald. *Augmentation des clientèles ethniques,* novembre 1991, texte de conférence.

BELLEY, André, DUSSAULT, Louis et LAFERTÉ, Sylvie. *Comment rédiger mon plan d'affaires, 2e édition,* collection Entreprendre, Les Éditions Transcontinental inc. et Fondation de l'entrepreneurship, Montréal et Québec, 2006.

BERGERON, Pierre G. *La gestion dynamique : concepts, méthodes et applications, 3e édition,* Gaëtan Morin Éditeur, Boucherville, 2001.

CARRIER, Serge. *Le marketing et la PME : l'option gagnante,*
Les éditions Transcontinental inc. et Fondation de l'entrepreneurship,
Montréal et Charlesbourg, 1994.

COSSETTE, Claude. *La créativité, une nouvelle façon d'entreprendre,*
collection Les Affaires, Publications Transcontinental inc.,
Montréal, 1990.

CHIASSON, Marc. *Marketing gagnant : pour petit budget,*
collection Entreprendre, Les Éditions Transcontinental inc. et
Fondation de l'entrepreneurship, Montréal et Charlesbourg, 1995.

D'ASTOUS, Alain. *Le projet de recherche en marketing, 3e édition*
Chenelière / McGraw-Hill, Montréal, 2005.

DELL'ANIELLO, Paul. *Un plan d'affaires gagnant : ne partez pas sans
lui, 3e édition revue et augmentée,* Les Éditions Transcontinental inc.,
Montréal, 1994.

DELL'ANIELLO, Paul. *Faites dire oui à votre banquier,*
collection Les Affaires, Publications Transcontinental inc.,
Montréal, 1991.

DENT, J.R., HARRY S. *The Roaring 2000's : Building The Wealth And
Lifestyle You Desire In The Greatest Boom In History,*
Simon & Schuster, New York, 1998.

DOUVILLE, Pierre A. *Le crédit en entreprise : pour une gestion efficace
et dynamique,* collection Entreprendre, Les Éditions Transcontinental
inc. et Fondation de l'entrepreneurship,
Montréal et Charlesbourg, 1993.

DUBUC, Yvan. *La passion du client : viser l'excellence du service,*
collection Entreprendre, Les Éditions Transcontinental inc. et
Fondation de l'entrepeneurship, Montréal et Charlesbourg, 1993.

FILION, Louis Jacques. *Visions et relations : clefs du succès de
l'entrepreneur,* Les éditions de l'entrepreneur, Montréal, 1991.

FILION, Louis-Jacques. *Les entrepreneurs parlent : neuf entrepreneurs,
de cinq pays différents font part du cheminement qui a mené leur
entreprise au succès,* Les éditions de l'entrepreneur, Montréal, 1990.

FOOT, David K. et STOFFMAN, Daniel. *Boom, Bust & Echo : How To
Profit From The Coming Demographic Shift,*
Macfarlane Walter & Ross, Toronto, 1996.

FORTIN, Paul-Arthur. *Devenez entrepreneur : pour un Québec plus entrepreneurial, 2ᵉ édition*, collection Entreprendre, Les Éditions Transcontinental inc. et Fondation de l'entrepreneurship, Montréal et Charlesbourg, 1992.

FORTIN, Régis. *Comment gérer son fonds de roulement : pour maximiser sa rentabilité*, collection Entreprendre, Les Éditions Transcontinental inc. et Fondation de l'entrepreneurship, Montréal et Charlesbourg, 1995.

GAGNON, Jean H. *Les pièges du franchisage : comment les éviter*, collection Les Affaires, Publications Transcontinental inc., Montréal, 1989.

GAGNON, Jean H. *Comment acheter une entreprise*, collection Les Affaires, Publications Transcontinental inc., Montréal, 1991.

GASSE, Yvon et D'AMOURS, Aline, *Profession : Entrepreneur, 2ᵉ édition*, Les Éditions Transcontinental inc. et Fondation de l'entrepreneurship, Montréal et Québec, 2000.

GOUVERNEMENT DU CANADA, Statistique Canada, publications annuelles ou périodiques :
Cat. 11-204 *Catalogue de Statistique Canada*
Cat. 13-208 *Revenus des familles, familles de recensement*
Cat. 32-211 *Produits livrés par les fabricants canadiens*
Cat. 61-008 *Statistiques financières trimestrielles des entreprises*
Cat. 61-219P *Statistiques financières des entreprises, préliminaire*
Cat. 63-005 *Commerce de détail*
Cat. 63-015 *Bulletin des industries de service*
Cat. 63-224 *Recueil statistique des études de marché*
Cat. 63-555 *Dépenses des familles au Canada*
Cat. 64-202 *L'équipement ménager*
Cat. 63-227 *Industrie de la production de logiciels et des services informatiques*
Cat. 65-203 *Importation de marchandises*

GOUVERNEMENT DU QUÉBEC. *Connaître ses clients et leurs besoins : guide pratique d'analyse de besoin*, ministère du Loisir, de la Chasse et de la Pêche, Service de la recherche et de l'analyse de marché, Les Publications du Québec, Québec, 1992.

GOUVERNEMENT DU QUÉBEC. *Guide : fonder une entreprise, édition 1998*, Communication Québec, Québec, 1998.

GOUVERNEMENT DU QUÉBEC. *Le Québec statistiques, 60ᵉ édition 1995*, Les Publications du Québec, Bureau de la statistique du Québec, Québec, 1995.

GOUVERNEMENT DU QUÉBEC. *Les principales formes juridiques de l'entreprise au Québec, 3ᵉ édition revue et corrigée*, Les Publications du Québec, Québec, 2000.

GOUVERNEMENT DU QUÉBEC. *Répertoire des ensembles de données statistiques, Bureau de la statistique du Québec*, édition 1994, Les Publications du Québec, Bureau de la statistique du Québec, Québec, 1994.

GOUVERNEMENT DU QUÉBEC. *Répertoire des ensembles de données statistiques, ministères et organismes gouvernementaux*, édition 1994, Les Publications du Québec, Bureau de la statistique du Québec, Québec, 1994.

JULIEN, Pierre-André et MARCHESNAY, Michel, *L'entrepreneriat*, collection Gestion Poche, Économica, Paris, 1996.

JULIEN, Pierre-André et MORIN, Martin. *Mondialisation de l'économie et PME québécoises*, Les Presses de l'Université du Québec, 1995.

LAFERTÉ, Sylvie et SAINT-PIERRE, Gilles. *Profession : travailleur autonome,* collection Entreprendre, Les Éditions Transcontinental inc. et Fondation de l'Entrepreneurship, Montréal et Québec, 1997.

LAFLAMME, Marcel. *Le management : approche systémique, théorie et cas,* Gaëtan Morin éditeur, Chicoutimi, 1981.

LÉGER, Jean-Marc. *Se préparer à satisfaire les consommateurs de l'an 2000,* texte de conférence, Léger & Léger, Recherche & marketing stratégique, 1998.

MARTEL, Louise et ROUSSEAU, Jean-Guy. *Le gestionnaire et les états financiers, 2ᵉ édition*, collection Mercure sciences comptables, Les Éditions du Renouveau Pédagogique, Saint-Laurent, 1993.

MERMET, Gérard. *Tendances 1996 : le nouveau consommateur,* Larousse, Paris, 1996.

NADEAU, Jean Benoît. *Le guide du travailleur autonome : tout savoir pour faire carrière chez soi,* Québec Amérique, Montréal, 1997.

O'SHAUGNESSY, Wilson. *La faisabilité de projet : une démarche vers l'efficience et l'efficacité,* Les Éditions SMG, Trois-Rivières, 1992.

PERRIEN, Jean, CHÉRON, Emmanuel J. et ZINS, Michel. *Recherche en marketing, méthodes et décisions,* Gaëtan Morin Éditeur, Chicoutimi, 1983.

POPCORN, Faith et MARIGOLD, Lys. *Clicking : 16 Trends to Future Fit Your Life, Your Work, And Your Business,* Harper Collins Publishers, New York, 1996.

POPCORN, Faith. *The Popcorn Report,* Harper Business, New York, 1992.

SALLENAVE, Jean-Paul et D'ASTOUS, Alain. *Le marketing : de l'idée à l'action, 2e édition,* Les Éditions Vermette inc., Boucherville, 1994.

SAMSON, Alain. *Communiquez ! Négociez ! Vendez ! : votre succès en dépend,* collection Entreprendre, Les Éditions Transcontinental inc. et Fondation de l'entrepreneurship, Montréal et Charlesbourg, 1996.

SAMSON, Alain. *Devenez entrepreneur,* disquettes ou cédérom, collection Entreprendre, Les Éditions Transcontinental inc. et Fondation de l'entrepreneurship, Montréal et Charlesbourg, 1996.

SAMSON, Alain. *J'ouvre mon commerce de détail : 24 activités destinées à mettre toutes les chances de votre côté,* collection Entreprendre, Les Éditions Transcontinental inc. et Fondation de l'entrepreneurship, Montréal et Charlesbourg, 1996.

SOLIS, Michel (collaboration de Violaine Lemay), *Votre PME et le droit : enr. ou inc. ?, raison sociale, marques de commerce... et le nouveau Code civil, 2e édition,* collection Entreprendre, Les Éditions Transcontinental inc. et Fondation de l'entrepreneurship, Montréal et Charlesbourg, 1994.

TIMMONS, Jeffrey, SMOLLEN, Leonard E. et DINGEE, Alexander M. *New venture creation, a guide to entrepreneurship, second edition,* Richard D. Irwin, Homewood, Ill., 1995.

TOULOUSE, Jean-Marie. *Se lancer en affaires, un choix pour l'ingénieur,* 2e édition, Ordre des ingénieurs du Québec en collaboration avec la Fondation de l'entrepreneurship, Montréal, 1995.

VALLERAND, Jacques P.M. et GRENON, Philip L. *Naviguer en affaires : la stratégie qui vous mènera à bon port !* (1995)

VAN COILLIE-TREMBLAY, Brigitte et DUBUC, Yvan. *En affaires à la maison : le patron c'est vous*, collection Entreprendre, Les Éditions Transcontinental inc. et Fondation de l'entrepreneurship, Montréal et Charlesbourg, 1994.

WITTER, Glen. *Finding and Evaluating Business Opportunities, a Practical Guide for Developing Business Ideas,* Second Edition, Vancouver Community College, Vancouver, 1991.

Faites-nous part
de vos commentaires

Assurer la qualité de nos publications
est notre préoccupation numéro un.

N'hésitez pas à nous faire part de
vos commentaires et suggestions
ou à nous signaler toute erreur
ou omission en nous écrivant à :

livre@transcontinental.ca

Les éditeurs